DANKSAGUNG

Henrik Andersson möchte sich bei Primland, L'Océane und Le Coq Saint-Honoré, seinen Lieferanten sowie bei seinem Team im *Fumoir* und der Geschäftsleitung bedanken.

Der Herausgeber bedankt sich bei:
MCM, Spezialist für Einmachgläser,
Maryvonne Lecorre für ihre wertvollen Tipps
und für die Weckgläser.
www.mcm-europe.fr
5ᵉ Cru
4, Rue des Écoles 75005 Paris
Tel.: (0033) (0)1 43 29 48 81
www.5ecru.com

Produktmanagement: Doreen Wolff
Übersetzung aus dem Französischen: Helmut Ertl
Textredaktion: Doreen Köstler
Korrektur: Asta Machat
Satz: Martin Feuerstein, Wigel
Umschlaggestaltung: Caroline Daphne Georgiadis, Daphne Design
Herstellung: Bettina Schippel

Printed in Italy by Printer Trento S.r.L.

★★★★★
Sind Sie mit diesem Titel zufrieden?
Dann würden wir uns über Ihre Weiterempfehlung freuen.
Erzählen Sie es im Freundeskreis, berichten Sie Ihrem Buchhändler,
oder bewerten Sie bei Onlinekauf. Und wenn Sie Kritik, Korrekturen,
Aktualisierungen haben, freuen wir uns über Ihre Nachricht an:
Christian Verlag, Postfach 40 02 09, D-80702 München oder
per E-Mail an lektorat@verlagshaus.de.

Unser komplettes Programm finden Sie unter 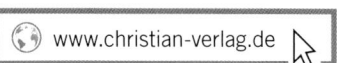 www.christian-verlag.de

Alle Angaben dieses Werkes wurden vom Autor sorgfältig recherchiert und auf den neuesten Stand gebracht sowie vom Verlag geprüft. Für die Richtigkeit der Angaben kann jedoch keine Haftung übernommen werden.

Die Deutsche Nationalbibliothek verzeichnet diese Publikation in der Deutschen Nationalbibliografie; detaillierte bibliografische Daten sind im Internet über http://dnb.d-nb.de abrufbar.

Copyright © 2015 für die deutschsprachige Ausgabe:
Christian Verlag GmbH, München

Die Originalausgabe mit dem Titel *Bocaux* wurde erstmals 2013 im Verlag Kerbius Editions veröffentlicht.

Copyright © 2013 für den Text: Pauline Ricard-André
Das Copyright für die Rezepte liegt bei Henrik Andersson.
Copyright © 2014 für die Fotos: Pierre Javelle
Copyright © 2014 für Layout und Design: Keribus Editions

ISBN 978-3-86244-947-7
Alle deutschsprachigen Rechte vorbehalten

KÖSTLICHES AUS DEM GLAS

Henrik Andersson

KÖSTLICHES AUS DEM GLAS

Eingemacht, abgefüllt und aufgeweckt

INHALT

HENRIK ANDERSSON, DER MANN FÜRS EINGEMACHTE 10

DAS EINMALEINS DES EINMACHENS

SAUBERKEIT 18
EINMACHGLÄSER STERILISIEREN 18
DAS ARBEITSMATERIAL 20
DIE ZUTATEN 20
KONSERVIERUNGSMETHODEN 22
STERILISATION 22
SÄUERUNG – DIE 1-2-3-METHODE 24
IN FETT EINMACHEN 28
MILCHSÄUREGÄRUNG 30
EINSALZEN 32
SIRUP, GELEE UND KONFITÜRE 34
ZEHN REGELN ZUM ERFOLGREICHEN EINMACHEN 36

REZEPTE

GEMÜSE 40
FISCH 64
FLEISCH 88
DESSERTS 102
SIRUP 122

WÜRZSAUCEN

IM KÜHLSCHRANK ZU LAGERN 124

AUS DEM KELLER

HENRIKS LIEBLINGSTROPFEN 138

REGISTER 140
REZEPTVERZEICHNIS 141

Henrik Andersson, der Mann fürs Eingemachte

Reserviert man einen Tisch im *Fumoir*, jenem eleganten Restaurant in Paris, dessen Chef Henrik seit 1999 ist, kommt man wohl nicht in den Genuss seiner eingemachten Köstlichkeiten. Setzt man sich dagegen auf ein Glas an den Tresen, um auf einen freien Tisch zu warten, winkt einem dazu ein kleines Weckglas zum Selbstöffnen, dessen erfrischender, aromatischer Inhalt den Gast auf die Reise schickt — zu einem lauschigen Angelplätzchen, in einen duftenden Gemüsegarten ... Genießen Sie die kleine Aufmerksamkeit des Hauses mit allen Sinnen, denn Henrik fabriziert seine Gläser nur am Wochenende und während der Ferien und ausschließlich für Freunde und Familie. Für ihn ist es die einfachste und genussvollste Art, etwas Schmackhaftes auf den Tisch zu zaubern, ohne allzu viel Zeit in der Küche zu verbringen — eine clevere Lösung, wenn man täglich 350 Teller serviert und ein Team von 15 Mitarbeitern leitet.

Henrik stammt aus Südschweden. Er wächst in einem kleinen Dorf von nicht einmal 1500 Seelen auf, in dem es »nichts gibt, nicht einmal ein Gasthaus«. Nichts als Natur. Dichte Wälder, so weit das Auge reicht, Seen und Flüsse, an denen er seine Zeit am liebsten mit Freunden beim Angeln verbringt.

Zu Hause wacht seine Mutter über Herd und Gemüsegarten. Das Essen ist einfach, bodenständig und von Sparsamkeit geprägt, doch immer gut und kunstgerecht zubereitet: Fleischklöße, Suppe aus jedem erdenklichen Gemüse, punktgenau gegart, die Zutaten mit größter Sorgfalt ausgesucht und verarbeitet, damit das Essen Freude macht. Ein wertvolles Erbe, das einmal seine eigene Küche prägen wird.

Der große Gemüsegarten ist die Hauptversorgungsquelle: Karotten, Salat, Kohlrabi, Topinambur, Bohnen, Erbsen, Sauerampfer, Süßkartoffeln – die besten Süßkartoffeln der Welt, beteuert Henrik, durch die Kälte bräuchten sie zwar mehr Zeit zum Reifen, dafür sind sie am Ende aber noch süßer. Dazu Erdbeeren und Johannisbeeren, aus denen im Sommer Gelee und Sirup gekocht wird. Das Ernten ist mehr als Gewohnheit, es ist eine Alltäglichkeit. Je nach Jahreszeit geht es in den Wald, um Beeren zu pflücken, Preiselbeeren und Blaubeeren – »von Hand, um sie nicht zu zerdrücken« –, und um Pilze zu sammeln, vor allem Pfifferlinge. Äpfel und Pflaumen werden auf den umliegenden Bauernhöfen geerntet, Kirschen bei den Freunden und Nachbarn. Das Fleisch liefern Henriks Tanten, die auf dem kleinen benachbarten Hof Rinder und Schweine züchten. Jedes Jahr im Sommer, wenn das Heu eingebracht ist, wird ein Schwein geschlachtet und in der Familie aufgeteilt. Das Meer ist nicht weit, und einmal pro Woche kommt der Fischhändler in seinem Lieferwagen und bringt Kabeljau und Heringe.

Die Schule endet früh, die Nachmittage verbringt Henrik im Schwimmbad, wo er Sportschwimmen trainiert. Nach dem Training, die Familie hat längst gegessen, bereitet er –

inzwischen 14 Jahre alt – sein Essen selbst zu. Zuerst stapelweise Sandwiches und Eier mit Speck. Dann, allmählich, getrieben von der Esslust, beginnt er zu experimentieren, sucht neue Geschmackserfahrungen, probiert verschiedene Gewürze... Die Küche wird zum Versuchslabor, in dem sich das Versprechen ungeahnter Entdeckungen auftut. Die Neugier wird während seiner Laufbahn als Koch zur treibenden Kraft. Und das Experimentieren. Koch ist kein besonders verbreiteter Beruf in seiner Gegend, er aber beginnt mit 16 Jahren eine Ausbildung an einer Fachschule für das Gastgewerbe. Schnell wächst der Wunsch, seinen Horizont zu erweitern. Statt auf Stockholm fällt seine Wahl auf das europäische Ausland. Eher aus Zufall landet er in Österreich, wo er im *Hotel Glemmtalerhof* in Hinterglemm als »Schlusslicht« beginnt. Dort verbringt er drei Jahre, wechselt in der Wintersaison in die Schweiz in den privaten *Union Yachtclub Attersee*, wo regionale Küche geboten wird, mit Fisch aus den umliegenden Seen, Hechte und Forellen, von Anglern noch lebend geliefert; auch das Wild bringt der Jäger persönlich vorbei.

Als Nächstes erwartet ihn Paris und dort seine künftige Frau, eine schwedische Studentin. Dank seiner skandinavischen Verbindungen findet er eine erstklassige Anstellung im Restaurant *Copenhagen* im *Maison du Danmark*. Es folgt *Le Cercle Suédois*, ein Privatclub, wo er zum Küchenchef aufsteigt. Und schließlich das *Fumoir*, die Gelegenheit, Nägel mit Köpfen zu machen. Dort trifft er Michel Portos, sternegekrönter Meisterkoch, in dem er von Beginn an einen vorbehaltlosen Fürsprecher findet. Von der ersten Stunde an ist das Restaurant gut gefüllt. In dem zeitlos eleganten großen Saal dirigiert er ein Orchester, das täglich 350 Essen zubereitet und serviert, getrieben von einem Wunsch: dem Gast einen schönen Augenblick zu bereiten – egal, zu welcher Tageszeit.

Das Geheimnis seines Erfolgs? Alles stammt aus eigener Herstellung – die Konfitüre zum Brunch, der Räucherlachs, das Rauchfleisch, selbst das Brot wird an Ort und Stelle geknetet und gebacken.

Seine Küche, einfach, intuitiv und unverkennbar in der Handschrift, stellt das Produkt in den Mittelpunkt. Henrik liebt es, die je nach saisonalem Angebot besten Zutaten aufzuspüren, ohne sich dabei auf einen bestimmten Bereich der Kochkunst zu beschränken. Diese ewig neue Suche hält ihn in ständigem Kontakt mit den Lieferanten – eine Arbeit, die ihm Spaß macht. Denn für Henrik bedeutet Kochen entdecken und lernen.

Jeden Sommer kehrt der Küchenchef nach Schweden in das kleine Sommerhaus seiner Heimat zurück. Familie und Freunde versammeln sich zu geselligen Runden oder zum Picknick, und jeder steuert etwas zu essen bei. Henriks Schwestern, ebenfalls vom mütterlichen Vorbild infiziert, bereiten Heringe, Sirup, Gelee und das tägliche Brot zu. »In den Ferien wird viel gegessen«, erklärt Henrik. Schon beim Frühstück wird die Frage nach dem Speiseplan gestellt, der die Aktivitäten des ganzen Tages bestimmt – mit den Kindern ein Restaurant in der Gegend ausprobieren, angeln gehen, Freunde einladen und ein paar selbst gefangene Forellen oder Hechte auf den Grill legen ... Für Henrik sind die Ferien in Schweden vor allem eine Zeit der Angelpartien. In jenen beschaulichen Momenten nehmen seine nächsten Rezepte Gestalt an, sommerliche Eindrücke, die schon bald aus einem Einmachglas schlüpfen.

DAS EINMALEINS DES EINMACHENS

SAUBERKEIT

Die wichtigste Regel beim Einmachen lautet Sauberkeit. Arbeitsmaterial und Zutaten sollten sorgfältig gewaschen beziehungsweise sterilisiert werden. Hygiene und Sauberkeit am Arbeitsplatz in jeder Phase der Zubereitung sind grundlegende Voraussetzungen, um die Vermehrung von Bakterien zu unterbinden, und unerlässlich für den ungetrübten und gesunden Genuss eingemachter Speisen. Vor dem Einmachen sollte das Arbeitsmaterial also gründlich abgewaschen werden. Ein makellos sauberes Tuch gehört ebenso dazu.

EINMACHGLÄSER STERILISIEREN

Die Einmachgläser sollten erst unmittelbar vor dem Füllen sterilisiert werden. Henrik überlässt die Arbeit einem ebenso einfachen wie effektiven Hilfsmittel – dem Ofen. Kein platzraubender Sterilisator ist nötig, kein Topf mit kochendem Wasser, keine Zange, kein Thermometer. Doch soll das niemanden daran hindern, die Gläser auf althergebrachte Art zu sterilisieren. Henrik stellt die Gläser samt Deckeln aus Metall oder Glas und den Gummiringen auf ein Backblech und schiebt sie für 5–10 Minuten in den 110 °C heißen Backofen. Durch die Hitze werden die Bakterien abgetötet. Nach dem Abkühlen sind die nun keimfreien Gläser einsatzbereit. Damit sie steril bleiben, sollte man den Kontakt mit dem Inneren der Gläser und den Deckeln unbedingt vermeiden.

EINMACHGLÄSER STERILISIEREN

DAS ARBEITSMATERIAL

Spezielles Zubehör ist für das Einmachen nicht erforderlich – abgesehen von den Einmachgläsern natürlich. Aber auch viele Gläser, die sich im Alltag ansammeln – wie leere Marmeladen-, Tomaten- oder Gurkengläser –, lassen sich verwenden, vorausgesetzt, sie sind aus relativ dickem Glas, weder beschädigt noch verschrammt und von ihrer Größe für das jeweilige Rezept geeignet. Es gibt zwei Deckelarten: den Schraubverschluss aus Metall und den Deckel mit Drahtbügel oder Drahtklemme und Gummiring. Im Ergebnis machen sie keinen Unterschied. Die Gummiringe, so wird es empfohlen, sollte man nach mehrmaligem Gebrauch austauschen.

Alle anderen nötigen Utensilien befinden sich vermutlich ohnehin in Ihrer Küche. Mit einem großen Arbeitsbrett, einem Messer und einem Messbecher lassen sich die meisten Rezepte realisieren.

Der Messbecher ist absolut unerlässlich, in Henriks Küche hat er die Waage ersetzt. Er verwendet ihn für flüssige und feste Zutaten gleichermaßen, denn er ist einfacher zu handhaben und auch genauer – deshalb die für viele ungewohnten Mengenangaben in Millilitern statt Gramm.

Ein Sieb, ein Topf und eine große ofenfeste Form oder Pfanne zum Garen im Wasserbad komplettieren die Liste.

Arbeitsbrett, Messer und Tücher sollten makellos sauber sein. Henrik verwendet ein spülmaschinentaugliches Kunststoffbrett aus Hartplastik. Ein Holzbrett, möglichst aus Hartholz, ist ebenso geeignet.

DIE ZUTATEN

Kaufen Sie frische, unversehrte Produkte der Saison, am besten vom Markt oder von Kleinerzeugern. Obst und Gemüse sollten auf den Punkt gereift, Früchte auf keinen Fall überreif oder stellenweise bereits verdorben sein. Frische Zutaten garantieren nicht nur mehr Geschmack, sondern auch längere Haltbarkeit.

Saubere Zutaten verlängern ebenfalls die Haltbarkeit, da keine oder deutlich weniger Bakterien aktiv sind. Gemüse und Obst werden sorgfältig unter fließendem Wasser gewaschen, stark verschmutzte Ware wird zusätzlich abgebürstet.

Für Zubereitungen mit rohem Fisch rät Henrik, den Fisch einen Tag zuvor in den Gefrierschrank zu legen, um eventuelle Fadenwürmer abzutöten, winzige giftige Parasiten, die bei warmen Gerichten durch Erhitzen absterben. Das ist eine sehr verlässliche Methode, die sicherstellt, dass der Verzehr absolut unbedenklich ist. Außerdem macht es die Gräten von Sardinen weicher und leichter zu essen.

Nach dem Waschen und/oder Auftauen wird der Fisch gesalzen und je nach Rezeptanleitung weiterverarbeitet.

DAS ARBEITSMATERIAL

KONSERVIERUNGSMETHODEN

Lebensmittel zu konservieren hat mit Chemie zu tun. Es geht darum, ein günstiges Milieu zu schaffen, in dem das Wachstum der in dem Lebensmittel enthaltenen Bakterien und Mikroorganismen gestoppt wird. Das erlaubt eine kontrollierte Reifung, bei der geschmackliche Eigenschaften und Nährstoffe relativ lange erhalten bleiben und sich die Aromen entfalten.

Beim Einmachen greift Henrik auf sechs verschiedene Methoden zurück, die er dank seiner Erfahrung nicht nur einzeln, sondern auch kombiniert einsetzt. Dabei bedient er sich natürlicher Konservierungsstoffe — Salz, Zucker, Essig, Wasser, pflanzliches oder tierisches Fett —, um den Geschmack zu optimieren.

Hier die sechs Methoden, die als Grundlage seiner Rezepte dienen.

STERILISATION

Bei dieser Technik wird das Lebensmittel gleichzeitig gegart und sterilisiert. Das Garen der Zutaten erfolgt direkt im Einmachglas in einem Wasserbad im Ofen. Während des Garvorgangs sterben die Bakterien ab.

Arbeitsschritte
Die Zutaten werden in die Gläser gefüllt. Hier sind es gewürfelte Lammhaxe, gebräunte Champignons und eingelegte Tomaten. Henrik gibt eine Handvoll Kapern hinzu, würzt mit zerstoßenem Pfeffer und Thymian und füllt mit reichlich Olivenöl auf. Anschließend werden die offenen Gläser in einen mit Wasser gefüllten Topf gestellt, sodass sie etwa zur Hälfte im Wasser stehen. Der Inhalt wird 5 Stunden im 110 °C heißen Ofen gegart. Temperatur und Garzeit können je nach Rezept variieren.
Zur Verlängerung der Haltbarkeit werden manche Zubereitungen zusätzlich sterilisiert, indem man die Gläser ein zweites Mal eine Weile in kochendes Wasser stellt.

STERILISATION

SÄUERUNG – DIE 1-2-3-METHODE

Dieses Grundrezept besteht aus drei Zutaten – Essig, Zucker und Wasser –, die alle eine aktive Rolle bei der Haltbarmachung spielen. Sie werden im Verhältnis ein Teil Essig zu zwei Teilen Zucker und drei Teilen Wasser eingesetzt.

In Schweden ergibt sich das Mengenverhältnis 1:2:3 aus dem Gehalt an Essigsäure der handelsüblichen Essige von 12 %. In anderen Ländern liegt die Essigsäurekonzentration der angebotenen Produkte zwischen 5 % und 8 %; hier sollte man 1,5 Teile Essig rechnen. Henrik stellt auch eine Variante mit Reis- statt Weinessig vor.

Dieser Basis, deren Zusammensetzung ganz einfach zu merken ist, werden die je nach Rezept unterschiedlichen Gewürze zugesetzt.

Arbeitsschritte

Das Gemüse – hier sind es junge Möhren, rote Zwiebeln oder junge weiße Rüben – wird gewaschen, geschält, in Stücke geschnitten, anschließend in sterilisierte Gläser gefüllt und gewürzt. Mit einem Messbecher oder einer Tasse misst man je nach benötigter Menge und Größe der Einmachgläser die drei Bestandteile ab (1,5 Teile Essig + 2 Teile Zucker + 3 Teile Wasser) und bringt sie unter Rühren mit einem Schneebesen zum Kochen.

Anschließend lässt man die Essig-Zucker-Lösung wieder vollständig abkühlen und gießt sie über das Gemüse in die Gläser, sodass das Gemüse vollständig bedeckt ist und sich nach dem Verschließen keine Luftblasen bilden können.

SÄUERUNG — DIE 1-2-3-METHODE

25

IN FETT EINMACHEN

Dieses Verfahren kommt für Confits, Pasteten, Terrinen und Rillettes zum Einsatz, aber auch für mariniertes Gemüse. Die Rolle des Konservierungsstoffes übernimmt pflanzliches oder tierisches Fett, das das Lebensmittel hermetisch einschließt und so den Prozess der Reifung und Konservierung begünstigt. Erfordert die Zubereitung zusätzliches Garen, erfolgt das direkt im Glas im heißen Wasserbad im Ofen. Die Garzeit richtet sich nach dem jeweiligen Rezept.

Arbeitsschritte
Für Zubereitungen mit eingelegtem Gemüse – hier sind es Champignons – werden große Champignons geviertelt und in der Pfanne in etwas Olivenöl mit Zitronenthymian, einigen zerstoßenen Pfefferkörnern und Salz sautiert und mit Essig abgelöscht. Anschließend werden die Pilze in ein sterilisiertes Glas gefüllt und mit Olivenöl bedeckt. Das Glas wird fest verschlossen.
Nach 48 Stunden sind die Champignons durchgezogen und bereit zum Verzehr.

IN FETT EINMACHEN

MILCHSÄUREGÄRUNG

Das ist das älteste Verfahren zur Konservierung von Lebensmitteln, das zudem die längste Haltbarkeit garantiert. Beispiele finden sich in allen Kulturen der Welt. So bringt es etwa den Miso (fermentiertes Soja) in Japan hervor, den russischen Borschtsch (gesäuerte Rote Bete), Kefir und Joghurt auf dem Balkan, Sauerkraut in Europa und, und, und...

Der natürliche biochemische Prozess der Reifung und Haltbarmachung schont die Inhaltsstoffe eines Lebensmittels und reichert sie bisweilen sogar um das Vielfache an. So steigt der Vitamin-C-Gehalt im Sauerkraut während der Milchsäuregärung um die Hälfte.

In den skandinavischen Ländern, in denen der Winter lang und die Auswahl an Gemüse begrenzt ist, lässt sich dank dieser Methode im Sommer ein Gemüsevorrat für die kalte Jahreszeit anlegen. Nicht zuletzt deshalb ist Henrik wie so viele Schweden ein Experte im Einmachen.

Arbeitsschritte

Im Grunde kommt dasselbe Prinzip wie bei der 1-2-3-Methode zur Anwendung, nur dass hier Wasser und Salz eingesetzt werden, um die für die Gärung nötigen Bedingungen zu schaffen. Wärme und der Ausschluss von Sauerstoff sind die beiden anderen Voraussetzungen. Die Größe des Glases bestimmt die Menge an Wasser und Zutaten, denen eine je nach Rezept unterschiedliche Dosis Salz zugesetzt wird.

Die Wasser-Salz-Lösung wird zum Kochen gebracht – das ist unerlässlich, um Bakterien abzutöten und eventuelle Spuren von Chlor aufzulösen. Anschließend lässt man sie wieder vollständig abkühlen. Dann füllt man das abgewogene, gewaschene und zerkleinerte Gemüse in ein sterilisiertes Glas und bedeckt es mit dem aufgekochten Salzwasser. Damit die Milchsäuregärung in Gang kommt, muss das Gemüse stets vollständig mit Flüssigkeit bedeckt sein. Henrik greift auf zwei Tricks zurück, um die Luft fern- und die Zutaten bedeckt zu halten: Entweder setzt er einen Kunststoffring ein, wie man ihn eigens für diesen Zweck in Cornichongläsern aus dem Handel findet, oder er beschwert den Glasinhalt mit einem kleinen, mit kaltem Wasser gefüllten und verknoteten Gefrierbeutel.

Ist für dieses Verfahren vor allem das saisonale Marktangebot bestimmend, so ist die richtige Temperatur nicht weniger wichtig, vor allem beim Einlegen geringer Mengen. Die ideale Temperatur für die Milchsäuregärung liegt zwischen 15 und 18 °C. Liegt sie darunter, kommt der Gärungsprozess nicht in Gang – je höher sie liegt, desto schneller vollzieht er sich. Je geringer die Zutatenmenge, desto wichtiger die Beachtung der richtigen Temperatur. Innerhalb von zwei Tagen vermehren sich die Milchsäurebakterien auf natürlichem Weg auf der Oberfläche des Gemüses und unterbinden seine Zersetzung. Sobald die Säuerung beginnt, reduziert man die Temperatur auf 15 °C. Der Prozess dauert 2–3 Wochen. Zur Verfeinerung der Aromen wird die Temperatur anschließend noch einmal auf 0 bis 10 °C reduziert. Dann ist die Milchsäuregärung abgeschlossen. Das gesäuerte Lebensmittel hält sich, kühl, jedoch nicht im Kühlschrank, und vor Licht geschützt gelagert, mindestens ein Jahr.

MILCHSÄUREGÄRUNG

EINSALZEN

Bei dieser Technik ist Salz das konservierende Element. Es trocknet gewissermaßen die Lebensmittel, bindet ihre Flüssigkeit und entzieht auf diese Weise Bakterien, die sonst zum Verderb führen würden, die Lebensgrundlage. Bei allen gesalzenen Fischzubereitungen gilt: Je mehr Wasser entzogen wird, desto länger ist die Haltbarkeit. Für die Herstellung der Lake auf Salz-Zucker-Basis verwendet Henrik ausschließlich grobes Meersalz oder Fleur de Sel, in jedem Fall aber jodfreies Salz. Bei Fleisch ersetzt er das Salz durch Sojasauce (zum Beispiel Rindfleisch in Soja und Portwein; siehe Seite 88), die ähnlich konservierend wie Salz wirkt.

Arbeitsschritte
Für Graved Lachs schneidet Henrik die Lachsfilets in dicke Würfel, nachdem er die Haut entfernt hat. Anschließend vermengt er in einer Schüssel 1 EL grobes Salz, 2 EL Zucker, etwas frisch gemahlenen Pfeffer und ein kleines Bund gehackten Dill. Die Lachswürfel werden sorgfältig in der Mischung gewendet und dann in ein sterilisiertes Glas gefüllt. Das Glas wird fest verschlossen. Nach 48 Stunden in der Marinade ist der Graved Lachs durchgezogen und fertig zum Verzehr. Im Kühlschrank hält er sich bis zu 2 Wochen.

EINSALZEN

SIRUP, GELEE UND KONFITÜRE

Das in Früchten von Natur aus enthaltene Pektin wirkt in Sirups, Gelees und Konfitüren als Konservierungsmittel. Darum sind sehr pektinreiche Früchte wie Zitrusfrüchte, Quitten und Äpfel ideal zum Einmachen geeignet. Bei roten Früchten wird der geringere Pektingehalt durch Zugabe von mehr Zucker kompensiert, der ebenfalls konservierend wirkt. Wichtig ist, auf den Punkt reife Früchte zu verwenden, da sich der Pektingehalt mit zunehmender Reife verringert. Für Sirup kann man auch schadhafte Früchte verarbeiten.

Henriks Zubereitungen sind frei von künstlichen Konservierungsstoffen, deshalb ist ihre Haltbarkeit begrenzt (etwa 2 Wochen). Durch Einfrieren lässt sie sich jedoch erheblich verlängern. Auch überschüssige Früchte friert Henrik ein, um sie nach Bedarf wieder aufzutauen und einzukochen. So bleibt zwar der Sommer die Hauptsaison fürs Obsteinmachen, doch lässt sie sich auf diese Weise über das ganze Jahr ausdehnen.

Für länger haltbare Fruchtkonserven kann man die Rezepte natürlich durch künstliche Zusatzstoffe aus dem Lebensmittelhandel wie Natriumbenzoat oder Zitronensäure ergänzen.

Arbeitsschritte

Die Früchte abwiegen — hier sind es Blaubeeren — und die im Rezept angegebene Menge Wasser und Zucker abmessen. Die Früchte in einem großen Topf mit dem Wasser bedecken, aufkochen und durch ein Sieb streichen. Den aufgefangenen Saft mit dem Zucker erneut aufkochen und einige Minuten sämig einkochen. Den Fruchtsirup in sterilisierte Flaschen oder Einmachgläser füllen, sorgfältig verschließen und im Kühlschrank lagern.

SIRUP, GELEE UND KONFITÜRE

REZEPTE

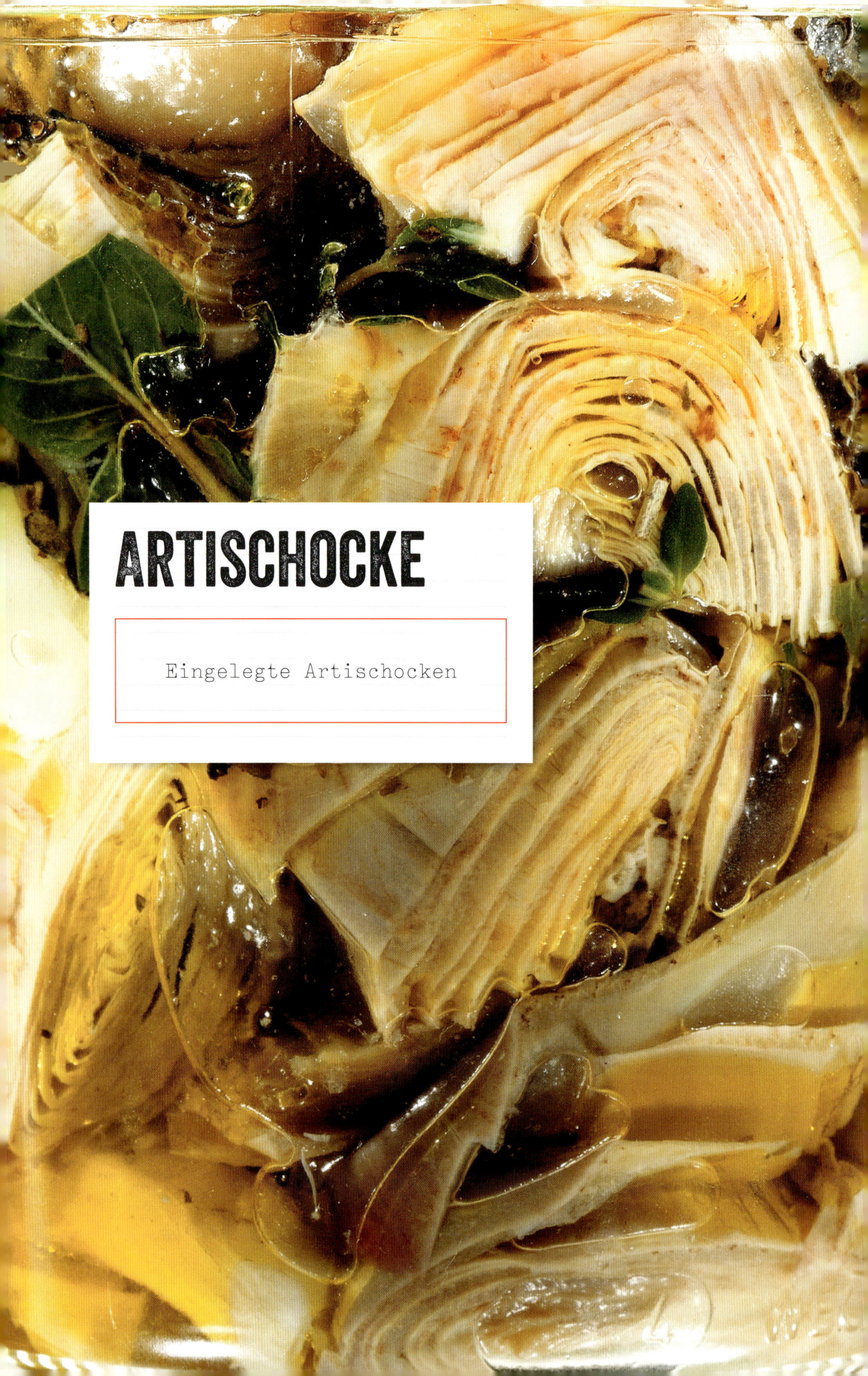

ARTISCHOCKE

Eingelegte Artischocken

Für 1 Glas von 580 ml
2 Bund kleine Poivrade-
   Artischocken
1 EL frischer Oregano, gehackt
1 TL getrockneter Oregano
2 Zweige Zitronenthymian
1 Lorbeerblatt

3 schwarze Pfefferkörner
200 ml bestes Olivenöl
Zum Garen
1 l Wasser
1 gehäufter TL Meersalz
100 ml Zitronensaft, frisch
   gepresst (etwa 3 Zitronen)

Die Stiele der Artischocken 2 cm unterhalb der Basis kappen und die Blütenköpfe bis auf die zarten inneren Blätter, die das Herz umschließen, schälen. Die Spitzen um 2 cm kürzen. Die geschälten Artischocken mit dem kalten Wasser, dem Salz und dem Zitronensaft in einen Topf geben und bei geringer Temperatur 10 Minuten garen. Mit einem spitzen Messer den Gargrad prüfen: Lassen sich die Artischocken mühelos einstechen, sind sie fertig. Den Topf von der Herdplatte nehmen und die Artischocken 1–2 Stunden in der Flüssigkeit abkühlen lassen. Im Zitronenwasser ziehen sie weiter durch und bewahren ihre appetitlich leuchtende Farbe.
Die Artischocken herausnehmen und der Länge nach halbieren. Die noch feuchten Artischockenhälften abwechselnd mit den Kräutern und Gewürzen in das sterilisierte Glas schichten (zum Sterilisieren das Glas samt Metalldeckel und/oder Gummidichtung für 5–10 Minuten in den 110 °C heißen Ofen stellen; siehe Seite 18). Die Artischocken möglichst kompakt schichten, um Lufteinschlüsse zu vermeiden, und anschließend vollständig mit Olivenöl bedecken.
Das Glas sorgfältig verschließen und die Artischocken 1–2 Tage im Kühlschrank durchziehen lassen. Gut gekühlt, halten sich die eingelegten Artischocken 2–3 Wochen.

Servieren Sie die eingelegten Artischocken als Appetithappen zum Aperitif oder als Vorspeise, wahlweise mit einem guten rohen Schinken. Auch in Salaten oder als Pizzabelag (erst nach dem Backen auflegen!) machen sie sich ausgezeichnet.

SPARGEL

Eingelegter Spargel

Für 1 Glas von 580 ml
1 Bund weißer Spargel
  (etwa 350 g)
1 Frühlingszwiebel
3 Liebstöckelblätter
  (nach Belieben)
100 ml Wasser

30 ml Zucker
10 ml weißer Essig
  (8 % Essigsäure)
5 schwarze Pfefferkörner
1 TL grobes Salz oder
  Fleur de Sel

Den Backofen auf 170 °C vorheizen.
Die Spargelstangen mit einem Sparschäler bis auf die Spitzen schälen, die holzigen Enden um 2 cm kürzen. Spargel waschen und mit den Spitzen nach oben in ein hohes sterilisiertes Glas stellen (zum Sterilisieren das Glas samt Metalldeckel und/oder Gummidichtung für 5–10 Minuten in den 110 °C heißen Ofen stellen; siehe Seite 18). Die Frühlingszwiebel putzen und in lange Streifen schneiden, dann mit den Liebstöckelblättern, sofern sie verwendet werden, in das Glas geben.
In einem Topf Wasser, Zucker, Essig, Pfefferkörner und Salz vermengen und zum Kochen bringen. Die kochend heiße Flüssigkeit in das Glas gießen, sodass der Spargel vollständig bedeckt ist. Das Glas fest verschließen und den Spargel im Glas 15 Minuten im 170 °C heißen Ofen garen.
Den Spargel abkühlen lassen und im Keller oder Kühlschrank bei unter 10 °C lagern. Da Glas und Inhalt beim Garen sterilisiert werden, hält sich der Spargel 6 Monate und länger.

Bei einem Glas mit Schraubverschluss dieses erst nach dem Garen fest zudrehen, damit der Druck entweichen kann und das Glas im Ofen nicht platzt.
Henrik macht Spargel in der Saison, also im Frühling ein, wenn das Gemüse am besten schmeckt und am günstigsten ist, und verarbeitet ihn zum Sommerende zu Salaten. Eine clevere und schmackhafte Art, die Spargelsaison zu verlängern.
Schmeckt ausgezeichnet mit gehobeltem Parmesan, einer Vinaigrette auf Zitronenbasis, zu russischen Eiern ...

PILZE

In Sherryessig
eingelegte Pilze

Für 1 Glas von 580 ml
300 g Pilze nach Wahl
  (Pfifferlinge, Champignons,
  Steinpilze etc.)
Olivenöl
1 Knoblauchzehe

8 schwarze Pfefferkörner
2 Lorbeerblätter
1 EL frischer Thymian
  (oder Zitronenthymian)
50 ml Sherryessig

▰ Die Pilze gründlich waschen und in Stücke schneiden (Champignons vierteln, Pfifferlinge ganz lassen, es sei denn, sie sind sehr groß).
In einer Pfanne etwas Olivenöl erhitzen, die Pilze darin goldbraun braten. Die Knoblauchzehe schälen und hacken, die Pfefferkörner zerstoßen und mit den zerkleinerten Lorbeerblättern und dem Thymian zu den Pilzen in die Pfanne geben. Mit dem Essig ablöschen und die Flüssigkeit vollständig verkochen lassen.
Die Pilze in einem Sieb abtropfen lassen, den Garsud auffangen. Die Pilze in ein sterilisiertes Glas füllen (zum Sterilisieren das Glas samt Metalldeckel und/oder Gummidichtung für 5–10 Minuten in den 110 °C heißen Ofen stellen; siehe Seite 18), den passierten Saft wieder dazugießen und, falls nötig, bis zum Rand mit Olivenöl auffüllen. Das Glas fest verschließen und die Pilze vor dem Verzehr über Nacht im Kühlschrank durchziehen lassen. Gut gekühlt, halten sich die eingelegten Pilze 2–3 Wochen.

➡ Die eingelegten Pilze schmecken pur direkt aus dem Glas, verleihen einem Kartoffelsalat Würze, überzeugen aber auch als Garnitur zu Fleisch.

GURKE

Süßsauer eingelegte Gurken

Für 1 Glas von 580 ml
2 große Gurken
1 EL Fleur de Sel
70 ml japanischer Reisessig oder
  weißer Balsamico-Essig
1 Bund Dill,
  fein gehackt
1 EL Zucker

▶ Die Gurken schälen, in feine Scheiben schneiden und in eine Schüssel geben. Mit Fleur de Sel bestreuen und bei Raumtemperatur 2 Stunden ziehen lassen. Ab und zu durchmischen, um das Salz gleichmäßig zu verteilen; es soll den Gurken Wasser entziehen.
In einer weiteren Schüssel den Essig mit dem fein gehackten Dill und dem Zucker verrühren. Die Gurken abtropfen lassen und sorgfältig in der Essigmischung wenden. In ein sterilisiertes Glas füllen (zum Sterilisieren das Glas samt Metalldeckel und/oder Gummidichtung für 5–10 Minuten in den 110 °C heißen Ofen stellen; siehe Seite 18).
Das Glas bis zum Rand füllen, sorgfältig verschließen und im Kühlschrank lagern. Vor dem Genuss noch einige Stunden durchziehen lassen. Gekühlt halten sich die süßsauer eingelegten Gurken bis zu 1 Woche.

➡ Die süßsäuerliche Note der Gurken macht sich gut zu Ragouts und anderen saucenhaltigen Gerichten. Henrik serviert sie zu Rinder- oder Kalbsbraten, pochiertem Lachs, aber auch zu gegrillten Würsten. Und wenn er in Kindheitserinnerungen schwelgen möchte, schmiert er sich Leberwurstbrote (siehe Seite 95) und garniert sie mit einem Löffel süßsaurer Gurken.

KOHL

Kimchi – marinierter Kohl aus Korea

Für ein Glas von 3 l
1 kg Chinakohl
Fleur de Sel
200 ml Wasser
70 ml Reismehl
100 ml Zucker
100 ml Knoblauch
  (1 gehäufte Tasse)
50 ml frischer Ingwer

50 ml Sojasauce
80 ml Fischsauce
  (nuoc-mâm)
100 ml kleine getrocknete
  japanische Sardellen
100 ml rote Chilischoten
2 Karotten
½ Rettich
5 junge Zwiebeln

▰ Am Vortag den Kohl gründlich waschen, halbieren und in eine flache Schale legen. Rundherum und zwischen den Blättern mit Fleur de Sel bestreuen und zugedeckt 12 Stunden im Kühlschrank ziehen lassen.
Am folgenden Tag das Wasser zum Kochen bringen. Das Reismehl und den Zucker dazugeben und bei geringer Temperatur 2–3 Minuten unter Rühren garen, bis eine dicke Masse entstanden ist. In einer großen Schüssel abkühlen lassen. Knoblauch und Ingwer schälen und mit der Sojasauce, der Fischsauce und den Sardellen im Mixer pürieren. In die Schüssel geben, dann die Chilis hinzufügen. Die Karotten und den Rettich waschen und in die Schüssel raspeln. Die Zwiebeln schälen, in feine Streifen schneiden und ebenfalls in die Schüssel geben. Den gesalzenen Kohl sorgfältig unter fließendem, kaltem Wasser abspülen und abtropfen lassen. Kunststoffhandschuhe überziehen, um die Kontamination mit Bakterien zu vermeiden, und den Inhalt der Schüssel mit den Händen zu einer homogenen Masse verarbeiten. Die Masse gleichmäßig in die Kohlhälften massieren und zwischen die Blätter drücken. Den Kohl in ein sterilisiertes Glas füllen und mit der in der Schüssel verbliebenen Sauce bis zum Rand auffüllen (zum Sterilisieren das Glas samt Metalldeckel und/oder Gummidichtung für 5–10 Minuten in den 110 °C heißen Ofen stellen; siehe Seite 18). Der Kohl sollte immer vollständig mit Flüssigkeit bedeckt sein (wie man ihn beschweren kann, siehe Seite 30 unter »Milchsäuregärung«). Das Glas verschließen und über Nacht in den Kühlschrank stellen – je länger der Kohl durchzieht, desto saurer wird er. Innerhalb von 2–3 Wochen verbrauchen.

➡ Ein Schweinebraten gewinnt an Charakter, wenn man kurz vor Ende der Garzeit einige Löffel Kimchi unter die Sauce rührt. Auch in pürierter Form als Beigabe zu Fisch oder Fleisch verleiht der Kohl der Sauce Würze und Substanz. Kalt kann man ihn ebenfalls genießen.

SOMMERGEMÜSE

Eingelegtes gegrilltes Gemüse

Für 1 Glas von 580 ml
2 Zucchini
1 Aubergine
1 Knoblauchzehe
1 kleine Frühlingszwiebel
Olivenöl
2 getrocknete Tomaten
1 TL frischer oder getrockneter Oregano
1 TL frischer oder getrockneter Thymian
Fleur de Sel
schwarzer Pfeffer aus der Mühle
2 EL weißer Balsamico-Essig

Die Zucchini und die Aubergine waschen, die Enden abschneiden und das Fruchtfleisch in etwas dickere Scheiben schneiden.
Die Knoblauchzehe schälen und in Scheiben schneiden. Die Frühlingszwiebel putzen und in Stücke schneiden.
In einer Pfanne etwas Olivenöl erhitzen und die Zucchini- und Auberginenscheiben darin von beiden Seiten braten, bis sie leicht gebräunt und weich sind – eventuell portionsweise oder mit zwei Pfannen arbeiten.
Dann Knoblauch, Frühlingszwiebeln, getrocknete Tomaten sowie Oregano und Thymian dazugeben und 1 weitere Minute garen. Mit Salz und Pfeffer würzen, vom Herd nehmen und in eine Schüssel geben, um den Garprozess zu stoppen.
Das Gemüse fein säuberlich bis 2 cm unterhalb des Randes in das sterilisierte Glas schichten (zum Sterilisieren das Glas samt Metalldeckel und/oder Gummidichtung für 5–10 Minuten in den 110 °C heißen Ofen stellen; siehe Seite 18). Den Essig und so viel Olivenöl dazugießen, dass das Gemüse komplett bedeckt ist.
Das Glas verschließen und für 2 Tage in den Kühlschrank stellen. Das Gemüse hält sich gekühlt 1–2 Wochen.

Dieses eingelegte Gemüse passt hervorragend zu kalten Fleisch- und Wurstwaren, zu Rindersteak vom Grill und zu Hörnchennudeln.

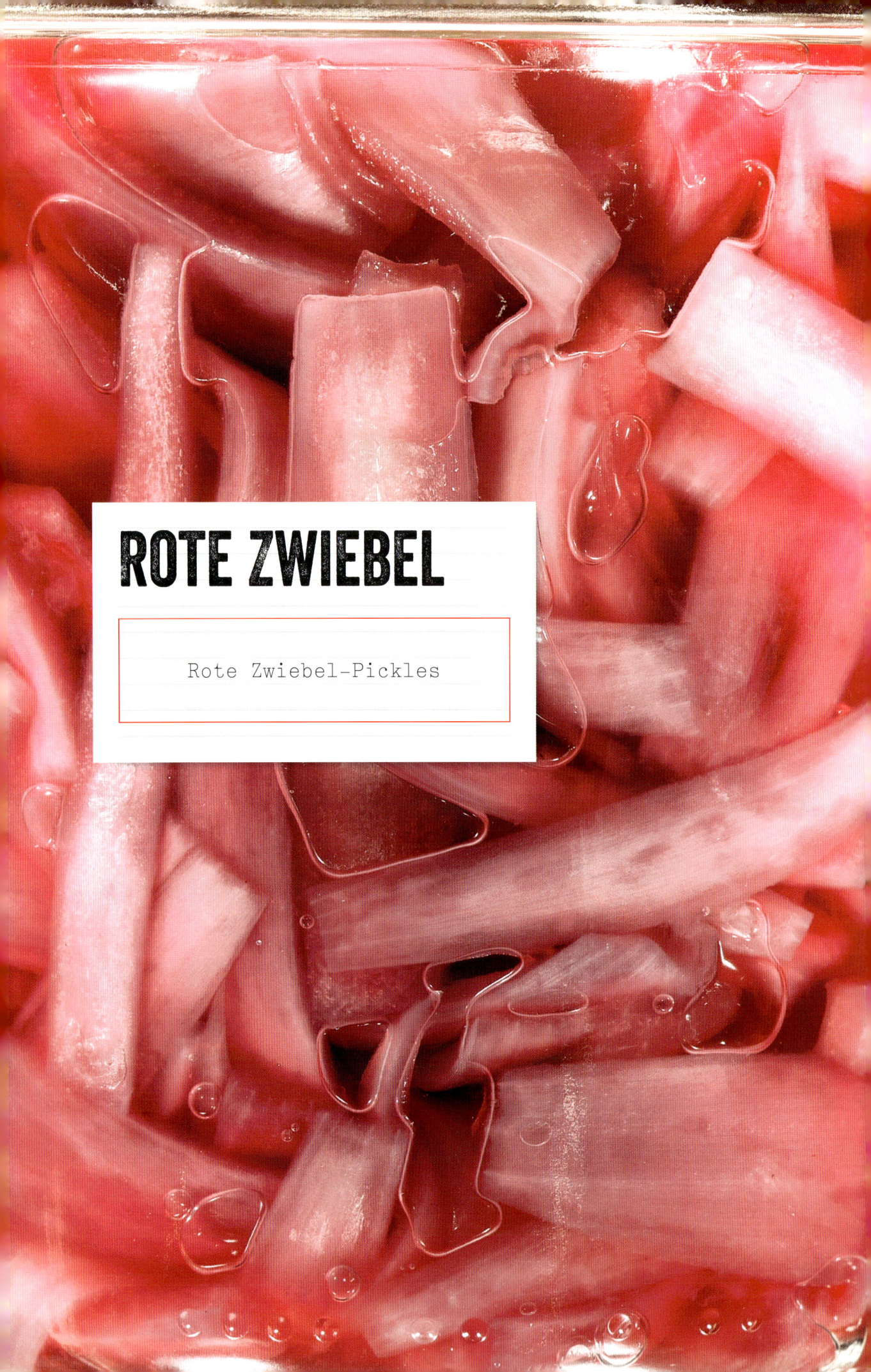

Für 1 Glas von 580 ml
6 rote Zwiebeln
1 gehäufter EL Fleur de Sel

100 ml brauner Rohrzucker
300 ml japanischer Reisessig

▶ Die roten Zwiebeln schälen, halbieren und in Scheiben schneiden. In einer Schüssel mit Fleur de Sel vermengen. Das Salz mit den Händen sorgfältig in die Zwiebeln massieren, dann 2 Stunden bei Raumtemperatur stehen lassen und zwischendurch ein- bis zweimal durchmischen.
Die Marinade zubereiten: Den braunen Rohrzucker und den Reisessig in einem Topf langsam erhitzen, dabei behutsam rühren, bis die Mischung homogen ist. Abkühlen lassen. Die Zwiebeln abtropfen lassen und überschüssiges Salz entfernen. Die Zwiebeln in ein sterilisiertes Glas füllen (zum Sterilisieren das Glas samt Metalldeckel und/oder Gummidichtung für 5–10 Minuten in den 110 °C heißen Ofen stellen; siehe Seite 18). Das Glas bis 2 cm unterhalb des Randes füllen und die Marinade dazugießen, sodass alles gut bedeckt ist.
Das Glas fest verschließen und im Kühlschrank lagern. Bereits am folgenden Tag sind die Zwiebel-Pickles verzehrbereit. Sie halten sich 2–3 Monate.

➡ Wie alle Pickles passen diese Essigzwiebeln gut zu Fleisch- und Wurstwaren und kalten Platten. Die Essigzwiebeln lassen sich auch als würzende Beigabe unter Salate mengen oder als Beilage zu einem Kartoffelgratin, zu Schweinebraten oder einem Kartoffelsalat servieren.

KAROTTE

Eingelegte junge Karotten

Für 1 Glas von 1 l
1 l Wasser
3 g Fleur de Sel
1 kg junge Karotten
  unterschiedlicher Farben

Das Wasser mit dem Salz zum Kochen bringen und wieder abkühlen lassen. Die Karotten waschen, schälen und in feine Scheiben schneiden. Die Karottenscheiben in ein sterilisiertes Glas füllen (zum Sterilisieren das Glas samt Metalldeckel und/oder Gummidichtung für 5–10 Minuten in den 110 °C heißen Ofen stellen; siehe Seite 18), mit dem Salzwasser auffüllen und dafür sorgen, dass die Karotten ständig mit Flüssigkeit bedeckt bleiben (siehe Seite 30 unter »Milchsäuregärung«). Das Glas fest verschließen. Sobald sich die Wassermenge nach einigen Tagen reduziert hat, das Glas öffnen und mit Wasser auffüllen. Wieder verschließen und 2 Wochen bei Raumtemperatur (zwischen 18 und 20 °C) durchziehen lassen. Anschließend im Kühlschrank (in jedem Fall aber unter 10 °C) lagern. Nach dem Öffnen innerhalb von 3 Wochen verbrauchen.
Eine weiße Ablagerung im Glas deutet darauf hin, dass die Milchsäuregärung kürzer verläuft. In diesem Fall sollte man die Karotten innerhalb der nächsten Tage verbrauchen.

Henrik empfiehlt diese Karotten-Pickles zum Aperitif – grundsätzlich kalt, auf keinen Fall gegart oder erwärmt – und als Salatgarnitur.

ZUCCHINI

Mit korsischem Brocciu
gefüllte Zucchiniblüten

Für 1 Glas von 580 ml
2 gehäufte EL Rucola, gehackt
300 g Brocciu (korsischer
  Schafs- oder Ziegenkäse)
1 EL Sardellen, gehackt
Pfeffer aus der Mühle

10 Zucchiniblüten
Olivenöl
1 Zweig Thymian
1 Zweig Rosmarin
5 schwarze Pfefferkörner

Den gewaschenen und gehackten Rucola in einer Schüssel mit dem Brocciu, den Sardellen und etwas frisch gemahlenem Pfeffer sorgfältig vermengen. Die Farce in einen Spritzbeutel mit Lochtülle füllen, die Zucchiniblüten behutsam öffnen und vorsichtig mit der Farce füllen. Eine Pfanne vorheizen, einen Schuss Olivenöl hineingeben und die gefüllten Zucchiniblüten darin von allen Seiten kurz anbraten. Sie sollten rasch gebräunt werden, ohne dass die Füllung zerläuft. Aus der Pfanne nehmen und auf einen Teller legen. Die angebratenen Zucchiniblüten mit dem Thymian, dem Rosmarin und den Pfefferkörnern in ein sterilisiertes Glas schichten (zum Sterilisieren das Glas samt Metalldeckel und/oder Gummidichtung für 5–10 Minuten in den 110 °C heißen Ofen stellen; siehe Seite 18) und bis zum Rand mit Olivenöl auffüllen. Das Glas gut verschließen und im Kühlschrank lagern. Noch am selben Abend oder innerhalb der nächsten 8 Tage genießen.

ZITRONE

Gesalzene Zitronen

Für 1 Glas von 1 l
2 Knoblauchzehen
7 kleine unbehandelte Zitronen
  mit Blättern
400 g grobes Salz
150 ml Zitronensaft, frisch
  gepresst (etwa 5 Zitronen)
150 ml Olivenöl

▸ Die Knoblauchzehen schälen. Die kleinen Zitronen sorgfältig waschen und rundherum in regelmäßigen Abständen mit einer Messerspitze einstechen; größere Zitronen halbieren. Etwas Salz in das sterilisierte Glas geben (zum Sterilisieren das Glas samt Metalldeckel und/oder Gummidichtung für 5–10 Minuten in den 110 °C heißen Ofen stellen; siehe Seite 18), anschließend die Zitronen hineinlegen und dabei abwechselnd die Zitronenblätter, die Knoblauchzehen und das restliche Salz hineinschichten. Den Zitronensaft und das Olivenöl zugießen und das Glas mit kaltem, gesalzenem Wasser auffüllen, sodass die Zitronen bedeckt sind. Das Glas fest verschließen und bei Raumtemperatur 1 Monat durchziehen lassen. Während der Reifung das Glas von Zeit zu Zeit drehen. Sobald sich die Wassermenge reduziert hat, das Glas öffnen und mit frischem gesalzenen Wasser auffüllen.

➡ Die gesalzenen Zitronen nach Bedarf entnehmen, vom Salz befreien und je nach Verwendung zuschneiden – für Salate in dünne Scheiben oder als würzende Beigabe für Reisgerichte oder einen Couscous in kleine Würfel. Für eine aromatische Vinaigrette püriert Henrik im Mixer ein paar Zitronenwürfel mit etwas Olivenöl.

ROTE BETE

Süßsaure Rote Beten

Für 1 Glas von 580 ml
grobes Salz
3–4 rohe Rote Beten
  (alternativ Gelbe Beten)
Für die Marinade
frischer Meerrettich
  (nach Belieben)

400 ml Wasser
150 ml weißer Essig
  (8 % Essigsäure)
125 ml Zucker
3 Pimentkörner
4 Gewürznelken
1 Lorbeerblatt

▰ Den Backofen auf 180 °C vorheizen. Eine Handvoll grobes Salz auf einem Backblech verstreuen, die ungeschälten Rote-Bete-Knollen darauflegen und 40 Minuten bei 180 °C backen.
Den Meerrettich, falls er verwendet wird, schälen und in dünne Scheiben schneiden. Das Wasser in einen Topf gießen und alle Zutaten für die Marinade – Essig, Zucker, Pimentkörner, Gewürznelken, das Lorbeerblatt und den Meerrettich – dazugeben und zum Kochen bringen.
Die Roten Beten, sobald sie gar sind, aus dem Ofen nehmen und abkühlen lassen. Die Knollen mit einem kleinen Messer schälen und in Würfel oder Scheiben schneiden (Henrik bevorzugt dicke Scheiben). Die Würfel oder Scheiben in ein sterilisiertes Glas füllen (zum Sterilisieren das Glas samt Metalldeckel und/oder Gummidichtung für 5–10 Minuten in den 110 °C heißen Ofen stellen; siehe Seite 18) und mit der Marinade übergießen.
Das Glas verschließen und 2–3 Tage im Kühlschrank lagern. Ungeöffnet halten sich die eingelegten Roten Beten bis zu 6 Monate.

➡ Henrik serviert die süßsauer eingelegten Roten Beten als Appetizer zu kalten Fleisch- und Wurstwaren, als Bestandteil von Salaten oder als Beilage zu warmen Speisen.
Probieren Sie sein schwedisches Sandwich mit den berühmten kalten Fleischklopsen und eingelegten Roten Beten.

GRÜNE TOMATE

Eingelegte grüne Tomaten mit Zitronengras

Für 1 Glas von 1 l
500 g grüne Tomaten
400 ml weißer Balsamico-Essig
400 ml Wasser

200 ml Zucker
1 kleines Stück frischer Ingwer
1 Stängel Zitronengras
½ grüne oder rote Chilischote

Den Backofen auf 170 °C vorheizen.
In einem Topf Wasser zum Kochen bringen, die Tomaten hineingeben und 10 Minuten blanchieren. In einem weiteren Topf den Essig und das Wasser mit dem Zucker aufkochen.
Die abgetropften Tomaten in ein sterilisiertes Glas füllen (zum Sterilisieren das Glas samt Metalldeckel und/oder Gummidichtung für 5–10 Minuten in den 110 °C heißen Ofen stellen; siehe Seite 18). Den Ingwer in Scheiben schneiden und mit dem Zitronengras und der halben Chilischote zu den Tomaten in das Glas geben. Mit der aufgekochten Essig-Zucker-Lösung auffüllen, sodass die Tomaten bedeckt sind.
Das Glas verschließen und für 10–12 Minuten in den 170 °C heißen Ofen stellen, bis der Inhalt siedet. Bei einem Glas mit Schraubverschluss den Deckel nach dem Herausnehmen noch einmal fest zudrehen.
Das Glas vollständig abkühlen lassen und vor dem Verzehr für 1 Woche in den Kühlschrank stellen, damit die Tomaten durchziehen. Sie halten sich im Kühlschrank bis zu 6 Monate.

Die eingelegten grünen Tomaten als Sauergemüse oder als Beigabe zu kalten Speisen servieren.

TINTENFISCH

Mit Tomaten gefüllter Tintenfisch

Für 1 Glas von 580 ml
1 Aubergine
Olivenöl
100 ml Pesto
12 kleine Tintenfischtuben
  (vom Fischhändler küchenfertig
  vorbereitet)

Für 300 ml Tomatensauce:
2 Schalotten
1 Knoblauchzehe
Olivenöl
1 Zweig Rosmarin
1 TL Tomatenmark
1 Dose (400 g) geschälte Tomaten

Die Tomatensauce zubereiten: Die Schalotten schälen und in Streifen schneiden, die Knoblauchzehe hacken und in einem Topf in etwas Olivenöl anschwitzen. Rosmarin, Tomatenmark und Tomaten dazugeben und bei geringer Temperatur 15 Minuten garen. Den Rosmarin herausnehmen, die Sauce im Mixer pürieren und abkühlen lassen.
Die Aubergine waschen, die Enden abschneiden und das Fruchtfleisch der Länge nach in dünne Scheiben schneiden. Die Scheiben mit etwas Olivenöl und Pesto bestreichen und dann in einer Pfanne anbraten. Sobald sie kräftig gebräunt sind, aus der Pfanne nehmen und auf Küchenpapier legen. Den Backofen im Grillmodus auf 180 °C vorheizen.
Die Tintenfischtuben waschen. Die Tomatensauce in einen Spritzbeutel mit kleiner Lochtülle füllen. Jeweils etwas Sauce in die Tuben spritzen, diese jedoch nur zu etwa zwei Dritteln füllen, damit sie beim Garen nicht platzen, und mit einem Zahnstocher aus Holz verschließen.
Die gefüllten Tintenfischtuben auf ein mit Backpapier ausgelegtes Blech legen, unter den Backofengrill schieben und von jeder Seite 30 Sekunden grillen. Aus dem Ofen nehmen und ein sterilisiertes Glas bereitstellen (zum Sterilisieren das Glas samt Metalldeckel und/oder Gummidichtung für 5–10 Minuten in den 110 °C heißen Ofen stellen; siehe Seite 18).
In das Glas 3 oder 4 Tuben legen (vorher die Zahnstocher entfernen), ein paar zusammengerollte Auberginenscheiben darüberschichten, einige Löffel Tomatensauce und das restliche Pesto dazugeben. Die übrigen Zutaten in gleicher Weise einschichten. Das Glas verschließen und in den Kühlschrank stellen. Am nächsten Tag sind die gefüllten Tintenfischtuben verzehrfertig; sie halten sich 3–4 Tage.

Das ist ein Rezept für die Schönwetterzeit und ideal als schmackhafte Vorspeise.

OKTOPUS

Oktopus mit Algen in Reisessig

Für 2 Gläser von je 580 ml
1 Oktopus von 700–800 g
  (Kopf vom Fischhändler
  entfernt)
100 g grobes Salz
3 l Wasser
300 ml Reisessig
1 ½ EL feines Salz
½ Päckchen (40 g) getrocknete
  Wakame-Algen (aus dem Asia-
  Laden)
2 eingelegte rote Zwiebeln
  (siehe Seite 53)
Olivenöl

Den Oktopus in eine Schüssel legen und mit dem groben Salz 15 Minuten gründlich abreiben, um ihn zart zu machen und die schleimige Außenschicht zu entfernen. Anschließend unter fließendem, kaltem Wasser gründlich abspülen.
In einem Topf das Wasser und den Essig mit dem feinen Salz zum Kochen bringen, den Oktopus hineinlegen und 45 Minuten sanft garen. Die Herdplatte ausschalten und den Oktopus in der Flüssigkeit abkühlen lassen, das dauert etwa 2 Stunden.
Die Wakame-Algen in einer Schale Wasser einweichen und quellen lassen, anschließend abtropfen lassen.
Den Oktopus aus der Brühe nehmen, abtropfen lassen und in 0,5 cm breite Stücke schneiden.
Die Oktopusstücke abwechselnd mit den eingelegten Zwiebeln und den Wakame-Algen bis 2 cm unterhalb des Randes in die sterilisierten Gläser füllen (zum Sterilisieren die Gläser samt Metalldeckel und/oder Gummidichtung für 5–10 Minuten in den 110 °C heißen Ofen stellen; siehe Seite 18). Mit Olivenöl auffüllen, verschließen und im Kühlschrank lagern. Am nächsten Tag ist der eingelegte Oktopus servierbereit.
Er hält sich 1 Woche.

Schmeckt kalt als Vorspeise oder zu Salaten verarbeitet.

KABELJAU

Kabeljau-Confit mit Paprika und Oliven

Für 1 Glas von 580 ml
300 g dickes Kabeljaufilet ohne
  Haut, sorgfältig entgrätet
1 EL Fleur de Sel
1 rote Paprikaschote

50 ml schwarze Oliven, entsteint
1 unbehandelte Zitrone
1 Bund Liebstöckel
  (oder Petersilie)
Olivenöl

▸ Einige Stunden vor der Zubereitung das Kabeljaufilet auf einen großen Teller legen. Den Fisch rundherum mit Fleur de Sel bestreuen, abdecken und für 3–4 Stunden in den Kühlschrank stellen.
Den Backofen auf 180 °C vorheizen. Die Paprikaschote waschen und 20 Minuten im Ofen rösten. Anschließend die Haut abziehen und das Fruchtfleisch in Stücke schneiden. Die Ofentemperatur auf 70 °C reduzieren.
Den Kabeljau aus dem Kühlschrank nehmen, von überschüssigem Salz befreien und in Stücke schneiden.
Die Oliven hacken, die Schale der Zitrone reiben, den Saft der Zitrone auspressen. Den Liebstöckel waschen und hacken.
Die Kabeljaustücke abwechselnd mit den Paprikastücken, den gehackten Oliven, der Zitronenschale und dem Liebstöckel in ein sterilisiertes Glas schichten (zum Sterilisieren das Glas samt Metalldeckel und/oder Gummidichtung für 5–10 Minuten in den 110 °C heißen Ofen stellen; siehe Seite 18). Den Zitronensaft dazugießen und das Glas bis zum Rand mit Olivenöl auffüllen. Das Glas verschließen und im Wasserbad 1 Stunde im 70 °C warmen Ofen garen. Herausnehmen und vollständig abkühlen lassen; anschließend im Kühlschrank lagern. Vor dem Öffnen noch 2 Tage warten, damit die Aromen durchziehen. Das Kabeljau-Confit hält sich 5 Tage.

➡ Schmeckt ausgezeichnet auf gutem Brot oder zu einem Fenchel-Carpaccio.

DORADE

Dorade mit Zitrusfrüchten und Basilikum

Für 1 Glas von 580 ml
480 g Doradenfilet
2 TL Fleur de Sel
2 unbehandelte Klementinen oder
  Orangen
2 unbehandelte Zitronen
50 ml brauner Rohrzucker
2 Bund Basilikum
100 ml Olivenöl

Einige Stunden vor der Zubereitung das Doradenfilet auf einen großen Teller legen und mit einer Pinzette etwaige kleine Stehgräten entfernen. Das Filet von beiden Seiten salzen und abgedeckt für 3–4 Stunden in den Kühlschrank stellen.
Eine Art Zitrusmarmelade zubereiten: Die Zitrusfrüchte mit einem Sparschäler dünn abschälen. Die Schalen dreimal blanchieren, um die Bitterstoffe zu entfernen. Dazu die Schalen in einem Topf mit leicht gesalzenem, kaltem Wasser bedecken und aufkochen. Das Wasser erneuern und den Vorgang zweimal wiederholen.
Den Saft der geschälten Zitrusfrüchte auspressen, in einem Topf mit den blanchierten Schalen und dem Rohrzucker vermengen und bei geringer Temperatur unter Rühren zu einem dicken Sirup einkochen.
Die Basilikumblättchen abzupfen und mit dem Olivenöl im Mixer pürieren.
Den Fisch aus dem Kühlschrank nehmen, von überschüssigem Salz befreien und in dünne Scheiben schneiden. Etwas von dem Sirup in das sterilisierte Glas geben (zum Sterilisieren das Glas samt Metalldeckel und/oder Gummidichtung für 5–10 Minuten in den 110 °C heißen Ofen stellen; siehe Seite 18), ein wenig Basilikumöl hineinträufeln und ein paar Scheibchen Fisch einlegen. In dieser Weise die restlichen Zutaten einschichten, bis das Glas ganz gefüllt ist. Sorgfältig verschließen und vor dem Verzehr mindestens 1 Tag im Kühlschrank durchziehen lassen (idealerweise 2 Tage). Der Fisch hält sich 5–6 Tage.

Das Glas einige Zeit vor dem Servieren aus dem Kühlschrank nehmen und den Inhalt gekühlt – nicht eiskalt – als Vorspeise genießen.

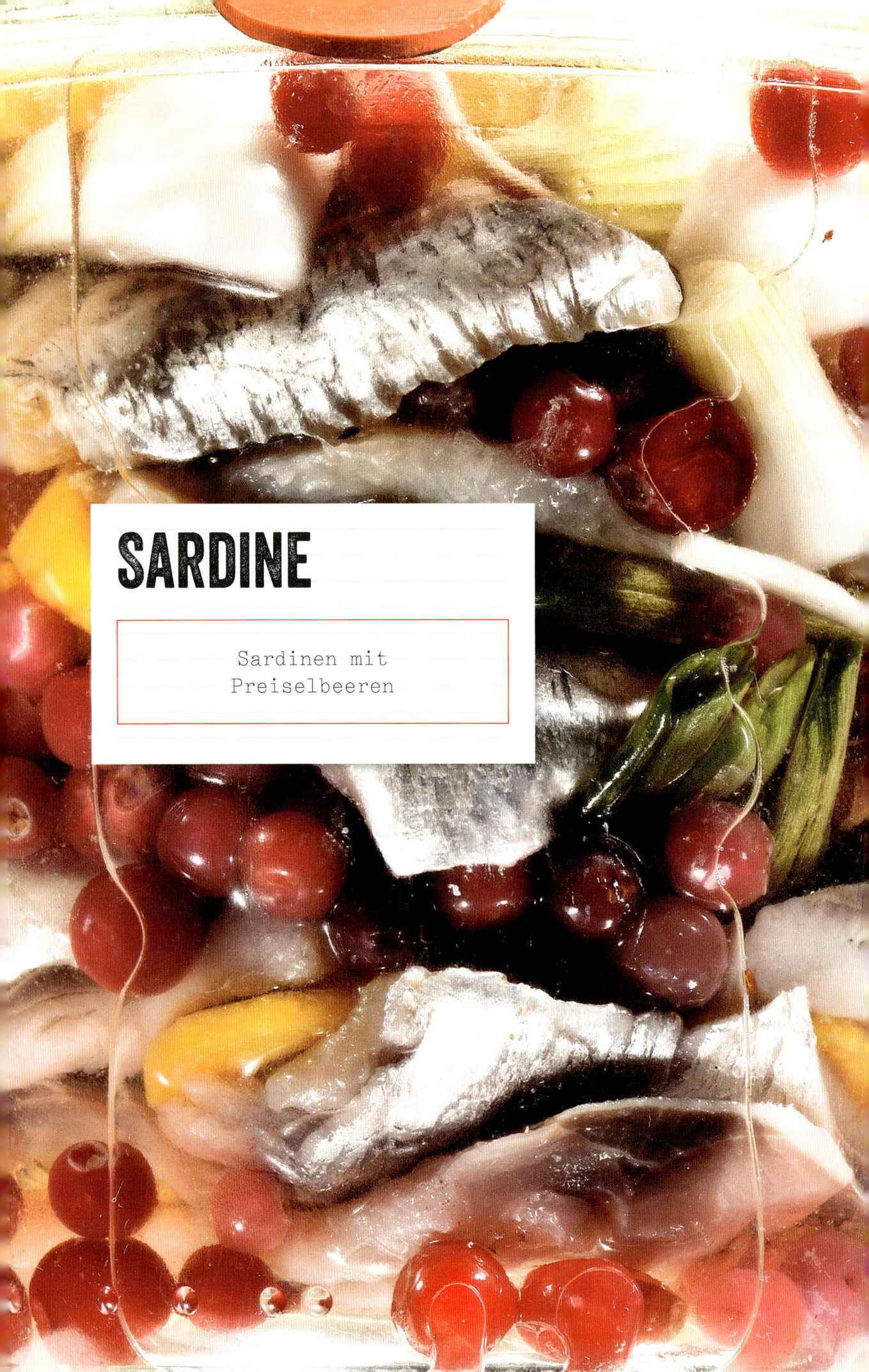

SARDINE

Sardinen mit Preiselbeeren

Für 2 Gläser von je 580 ml
600 g Sardinen- oder
 Heringsfilets
40 g Fleur de Sel
250 ml Wasser
150 ml weißer Essig
 (8 % Essigsäure)
200 ml Zucker
1 Karotte
1 Stückchen Meerrettich
 (nach Belieben)
1 Lorbeerblatt
50 ml Preiselbeeren
8 schwarze Pfefferkörner

▸ Einige Stunden vor der Zubereitung die Sardinen- oder Heringsfilets auf einen mit Fleur de Sel bedeckten Teller legen und rundherum darin wenden. Mit Frischhaltefolie abdecken und für 3–4 Stunden in den Kühlschrank stellen.
Das Wasser mit dem Essig und dem Zucker zum Kochen bringen und wieder abkühlen lassen.
Die Fischfilets aus dem Kühlschrank nehmen und von überschüssigem Salz befreien. Die Haut entfernen und die Filets in Stücke schneiden.
Die Karotte schälen und in feine Scheiben schneiden. Den Meerrettich, falls er verwendet wird, raspeln. Das Lorbeerblatt halbieren oder in kleine Stücke brechen.
Fischstücke, Karottenscheiben, Meerrettichraspel, Preiselbeeren sowie die Pfefferkörner und das halbierte Lorbeerblatt in die sterilisierten Gläser schichten (zum Sterilisieren Gläser samt Metalldeckel und/oder Gummidichtung für 5–10 Minuten in den 110 °C heißen Ofen stellen; siehe Seite 18).
Die Essig-Zucker-Lösung dazugießen, das Glas gut verschließen und 1 Tag in den Kühlschrank stellen. Am nächsten Tag ist der Fisch servierfertig.

▶ Die Sardinen mit Preiselbeeren zu Schwarzbrot und Aquavit oder Bier servieren.

MAKRELE

Makrelen in Lapsang-Rauchtee

Für 1 Glas von 580 ml
400 g Makrelenfilets
2 ½ TL Fleur de Sel
1 rote Zwiebel
1 Karotte

1 Stück (50 g) Rettich
300 ml Lapsang-Tee
100 ml Sojasauce
50 ml Reisessig

▸ Einige Stunden vor der Zubereitung die Fischfilets auf einen großen Teller legen, von beiden Seiten mit 2 TL Fleur de Sel einreiben und zugedeckt für 3–4 Stunden in den Kühlschrank stellen.
Die rote Zwiebel schälen, halbieren und in Streifen schneiden. Die Karotte und den Rettich schälen und in Scheiben schneiden. Sämtliches Gemüse in einer Schüssel vermengen, das restliche Salz untermischen und 1–1 ½ Stunden ziehen lassen.
Inzwischen die Marinade zubereiten. Wasser zum Kochen bringen und den Lapsang-Tee darin einige Minuten ziehen lassen. Die Sojasauce und den Reisessig unterrühren. Die Makrelenfilets aus dem Kühlschrank nehmen, von der Haut befreien und mit einer Pinzette eventuell verbliebene Gräten entfernen. Die Fischfilets in Stücke schneiden.
Die Makrelenstücke in ein sterilisiertes Glas schichten (zum Sterilisieren das Glas samt Metalldeckel und/oder Gummidichtung für 5–10 Minuten in den 110 °C heißen Ofen stellen; siehe Seite 18) und dabei nach und nach das Gemüse einarbeiten. Das Glas bis 2 cm unterhalb des Randes füllen und alles mit der Marinade bedecken. Das Glas fest verschließen und mindestens 2 Tage im Kühlschrank durchziehen lassen. Gut gekühlt, halten sich die Makrelen in Lapsang-Tee bis zu 2 Wochen.

➡ Henrik liebt das dezente Raucharoma des Lapsang-Tees, es verleiht den Makrelen eine delikate Note. Er serviert sie schlicht mit grünem Salat, Kartoffelsalat und dunklem Brot.
Noch würziger wird das Ergebnis, wenn man statt roher Zwiebel die eingelegten roten Zwiebeln von Seite 53 verwendet.

SARDINE

Sardinen-Rillettes

Für 1 Glas von 580 ml
400 g frische Sardinenfilets
grobes Salz
200 ml Wasser
50 ml Zucker
100 ml weißer Essig
  (8 % Essigsäure)
1 Knoblauchzehe
50 g Kapern
150 g schwarze Oliven,
  entsteint
60 ml Olivenöl

> Mit diesem Rezept muss man am Vorabend beginnen, damit ausreichend Zeit zum Marinieren bleibt.
>
> Die Sardinenfilets auf einen großen, mit grobem Salz bedeckten Teller legen und rundherum sorgfältig in dem Salz wenden. Mit Frischhaltefolie abdecken und 3–4 Stunden in den Kühlschrank stellen. Anschließend das Salz wieder entfernen und die Haut abziehen (nachdem das Salz seine Wirkung entfaltet hat, geht das ganz einfach). Die Filets in einer Schüssel mit Wasser, Zucker und Essig bedecken und 10 Stunden im Kühlschrank marinieren.
>
> Am nächsten Tag die Knoblauchzehe schälen. Die Sardinen aus der Marinade nehmen und mit Kapern, Oliven, Knoblauch und dem Olivenöl im Mixer pürieren. Die Farce in ein sterilisiertes Glas füllen (zum Sterilisieren das Glas samt Metalldeckel und/oder Gummidichtung für 5–10 Minuten in den 110 °C heißen Ofen stellen; siehe Seite 18), fest verschließen und über Nacht in den Kühlschrank stellen. Die Sardinen-Rillettes innerhalb von 2 Wochen verbrauchen.

SARDINE

Sardinen mit Kräutern

Für 1 Glas von 290 ml
200 g Sardinenfilets
grobes Salz
1 Zweig Thymian
1 Zweig Rosmarin
3 EL Petersilie, gehackt
1 EL getrockneter Oregano
2 Knoblauchzehen
1 kleine Chilischote
50 ml Weißwein
30 ml Zitronensaft
Olivenöl

Einige Stunden vor der Zubereitung die Sardinen auf einen großen, mit grobem Salz bedeckten Teller legen und rundherum sorgfältig in dem Salz wenden. Mit Frischhaltefolie abdecken und 3–4 Stunden im Kühlschrank marinieren.
Die Sardinenfilets aus dem Kühlschrank nehmen, von überschüssigem Salz befreien und die Haut abziehen.
Die Sardinenfilets mit den Kräutern, den geschälten Knoblauchzehen und der Chilischote in ein sterilisiertes Glas schichten (zum Sterilisieren das Glas samt Metalldeckel und/oder Gummidichtung für 5–10 Minuten in den 110 °C heißen Ofen stellen; siehe Seite 18). Den Weißwein und den Zitronensaft dazugießen und das Glas bis zum Rand mit Olivenöl auffüllen. Das Glas fest verschließen und einige Male behutsam drehen, bis alles gleichmäßig verteilt ist. Im Kühlschrank 2–3 Tage marinieren und innerhalb von 1 Woche verbrauchen.

SARDINE

Sardinen mit Zwiebeln

Für 1 Glas von 580 ml
600 g Sardinenfilets
40 g Fleur de Sel
250 ml Wasser
150 ml weißer Essig
   (8 % Essigsäure)

200 ml Zucker
1 Karotte
2 Zwiebeln
4 Pimentkörner
1 Lorbeerblatt

Einige Stunden vor der Zubereitung die Sardinenfilets auf einen großen, mit Fleur de Sel bedeckten Teller legen und rundherum sorgfältig in dem Salz wenden. Mit Frischhaltefolie abdecken und 3–4 Stunden im Kühlschrank marinieren.
Das Wasser mit dem Essig und dem Zucker aufkochen und wieder abkühlen lassen.
Die Sardinenfilets aus dem Kühlschrank nehmen und von überschüssigem Salz befreien. Die Haut abziehen und die Filets in Stücke schneiden.
Die Karotte schälen und in Scheiben schneiden, die Zwiebeln schälen und in Streifen schneiden.
Fischstücke, Zwiebelstreifen, Karottenscheiben, Pimentkörner und das Lorbeerblatt in ein sterilisiertes Glas schichten (zum Sterilisieren das Glas samt Metalldeckel und/oder Gummidichtung für 5–10 Minuten in den 110 °C heißen Ofen stellen; siehe Seite 18) und die Marinade einfüllen. Das Glas fest verschließen und vor dem Servieren 12 Stunden im Kühlschrank durchziehen lassen. Die Sardinen halten sich etwa 12 Tage.

LACHSKAVIAR

Sardinen mit Lachskaviar

Für 2 Gläser von je 160 ml
250 g Sardinen- oder
  Heringsfilets
grobes Salz
250 ml Wasser
150 ml weißer Essig
  (8 % Essigsäure)
200 ml Zucker
150 ml Crème fraîche
50 g Lachs- oder Forellen-
  kaviar
2 EL Schnittlauchröllchen

▸ Bei diesem Rezept muss man am Vorabend beginnen, da der Fisch einige Zeit zum Marinieren benötigt.
Die Sardinenfilets auf einen großen, mit grobem Salz bedeckten Teller legen und rundherum sorgfältig in dem Salz wenden. Mit Frischhaltefolie abdecken und 3–4 Stunden im Kühlschrank marinieren.
Die Sardinenfilets aus dem Kühlschrank nehmen, überschüssiges Salz entfernen und die Haut abziehen. In einer Schüssel Wasser, Essig und Zucker vermengen, die Sardinen darin einlegen und weitere 10 Stunden im Kühlschrank marinieren.
In einer Schüssel die Crème fraîche mit dem Lachskaviar und den Schnittlauchröllchen verrühren. Die Sardinenfilets abtropfen lassen, dann in die Creme geben und sorgfältig unterziehen. In sterilisierte Gläser füllen (zum Sterilisieren Gläser samt Metalldeckel und/oder Gummidichtung für 5–10 Minuten in den 110 °C heißen Ofen stellen; siehe Seite 18). Darauf achten, dass der Fisch gut mit der Crème bedeckt ist, das Glas fest verschließen und vor dem Genuss 2 Tage im Kühlschrank durchziehen lassen.
Die Sardinenfilets halten sich im Kühlschrank bis zu 5 Tage.

▶ Die Sardinen mit Lachskaviar zu Schwarzbrot, Salzkartoffeln oder als Salat servieren.

LACHS

Graved Lachs

Für 1 Glas von 580 ml
400 g Lachsfilet
½ Bund Dill
50 ml Zucker
30 ml Salz
schwarzer Pfeffer aus der Mühle

Das Lachsfilet in etwa 3 cm große Würfel schneiden. Den Dill waschen, trocken schütteln, die Fähnchen abzupfen und fein hacken. In einer Schüssel Dill, Zucker, Salz und etwas Pfeffer vermengen. Die Lachswürfel einlegen und von allen Seiten in der Mischung wenden. In ein sterilisiertes Glas füllen (zum Sterilisieren das Glas samt Metalldeckel und/oder Gummidichtung für 5–10 Minuten in den 110 °C heißen Ofen stellen; siehe Seite 18), das Glas verschließen und 20 Minuten bei Raumtemperatur stehen lassen, damit der Lachs die Aromen aufnimmt. Vor dem Verzehr 2 Tage im Kühlschrank durchziehen lassen. Gekühlt hält sich der Graved Lachs 1–2 Wochen.

Schmeckt köstlich direkt mit der Gabel aus dem Glas oder mit der berühmten Senf-Dill-Sauce (siehe Seite 136). Henrik serviert die Graved-Lachs-Würfel mit Stückchen von Stangensellerie und grünen Apfelscheibchen als erfrischendes Entree.

THUNFISCH

Eingelegter Thunfisch

Für 2 Gläser von je 580 ml
750 ml Wasser
200 ml weißer Essig
  (8 % Essigsäure)
2 EL Fleur de Sel
500 g Filet vom Weißen Thun

1 Karotte
1 Stange Sellerie
1 Knoblauchzehe
2 Lorbeerblätter
6 schwarze Pfefferkörner

Den Backofen auf 120 °C vorheizen.
In einem Topf das Wasser mit dem Essig und Fleur de Sel zum Kochen bringen; gut umrühren.
Das Thunfischfilet in große Stücke schneiden und in sterilisierte Gläser füllen (zum Sterilisieren die Gläser samt Metalldeckel und/oder Gummidichtung für 5–10 Minuten in den 110 °C heißen Ofen stellen; siehe Seite 18).
Die Karotte und den Sellerie schälen und in Stifte schneiden. Die Knoblauchzehe schälen und halbieren. Karotten- und Selleriestifte mit den Lorbeerblättern, den Pfefferkörnern und der halbierten Knoblauchzehe zu dem Fisch in die Gläser geben, bis zum Rand mit der kochend heißen Marinade auffüllen und verschließen. Die Gläser für 10 Minuten in den 120 °C heißen Ofen stellen, abkühlen lassen und anschließend im Kühlschrank lagern. Der eingelegte Thunfisch hält sich im Kühlschrank bis zu 3 Wochen.

Dieser hausgemachte Thunfisch schmeckt um Klassen besser als die Dosenware. Er ist für alle kalten Zubereitungen und ideal für die klassische Salade Niçoise (Nizza-Salat) geeignet.

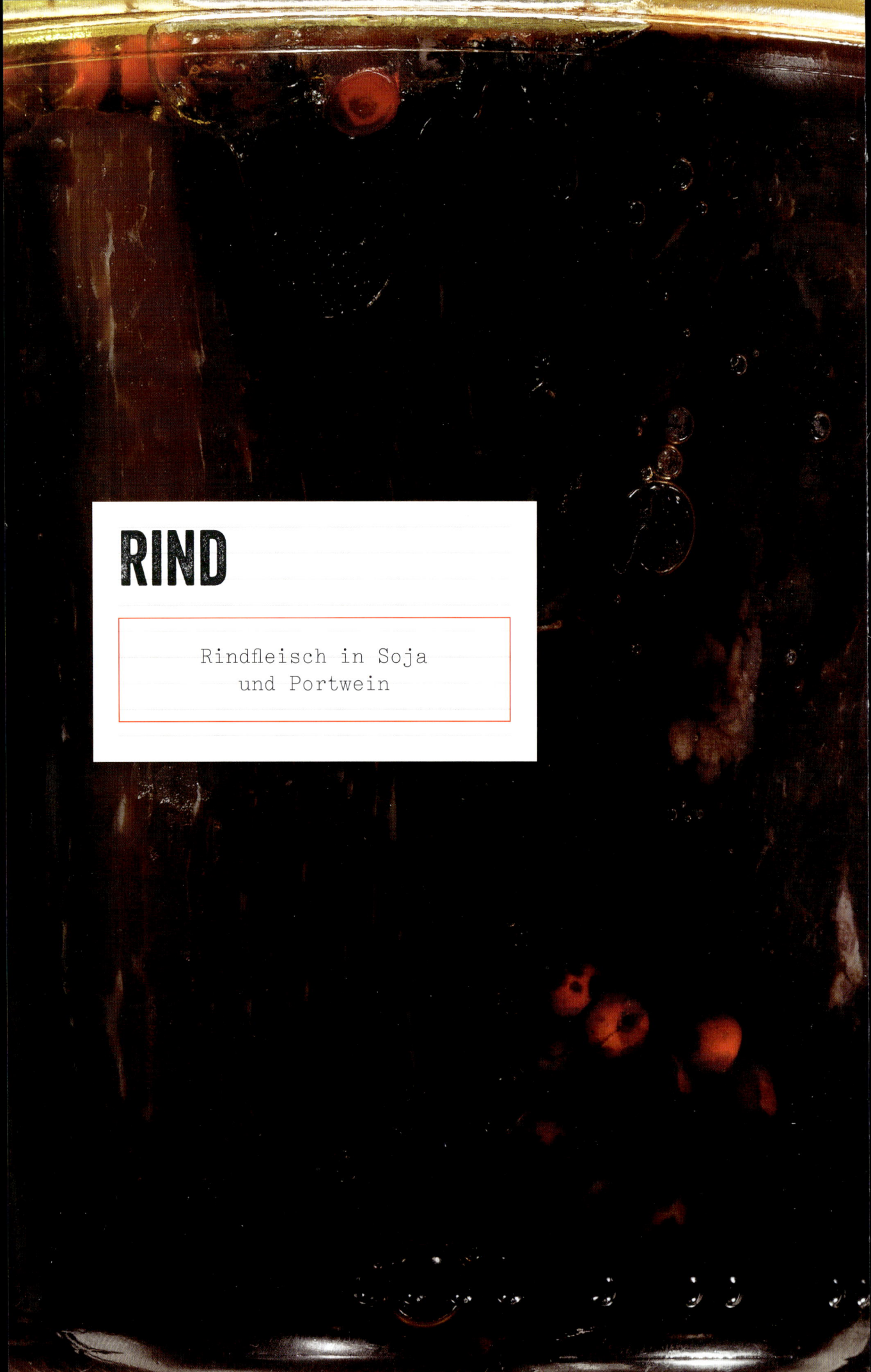

RIND

Rindfleisch in Soja
und Portwein

Für 1 Glas von 580 ml
200 ml Portwein
200 ml Sojasauce
300 g zartes, sehnenarmes
  Rindfleisch von guter Qualität
  (Roastbeef oder Hüfte; vom
  Fleischer sauber pariert)

1 TL rosa Pfefferkörner
2 Stücke Langer Pfeffer
  (Stangenpfeffer; aus dem
  Asia-Laden)
1 Lorbeerblatt

▶ Den Portwein und die Sojasauce in einem Topf kurz aufkochen, die Herdplatte nach dem ersten Aufwallen sofort ausschalten. Die Mischung vollständig abkühlen lassen.
Inzwischen das Rindfleisch in 3 cm große Stücke schneiden, die der Länge nach aufrecht ins Glas passen. Die Fleischstücke in dieser Weise nebeneinander in das sterilisierte Glas stecken (zum Sterilisieren das Glas samt Metalldeckel und/oder Gummidichtung für 5–10 Minuten in den 110 °C heißen Ofen stellen; siehe Seite 18). Die rosa Pfefferkörner, den Stangenpfeffer und das Lorbeerblatt dazugeben und mit der Portwein-Soja-Marinade auffüllen, sodass das Fleisch gut bedeckt ist. Mit einem Messer zwischen die Fleischstücke fahren, damit sich die Marinade gleichmäßig im Glas verteilt. Das Glas fest verschließen und das Rindfleisch mindestens 5 Tage im Kühlschrank marinieren. Innerhalb von 2 Wochen verbrauchen.

▶ Serviervorschlag: Dieses zarte und delikate Fleisch ist, in dicke Scheiben geschnitten, eine Art *charcuterie de luxe*, ideal als Begleiter zum Aperitif oder als Vorspeise mit gutem Brot.
Im Rahmen eines feinen Abendessens arrangiert Henrik auf einem Teller Scheibchen von eingelegtem Rindfleisch mit marinierten Rübchen oder Daikon-Rettich, Lachskaviar und einer Wodka-Creme (1 TL Wodka auf 1 EL Crème fraîche).
Das Fleisch wird grundsätzlich kalt, niemals erhitzt oder gegart serviert.

ENTE

Entenkeulen mit Zwiebeln in Sherryessig

Für 1 Glas von 580 ml
2 Entenkeulen
grobes Salz
150 ml Hühnerbrühe (150 ml Wasser + 1 gehäufter TL gekörnte Hühnerbrühe)
4 Schalotten
Olivenöl
1 Sternanis
2 Stücke Langer Pfeffer (Stangenpfeffer; aus dem Asia-Laden)
2 EL Sherryessig

Am Vorabend die Entenkeulen auf einen großen Teller legen und von allen Seiten salzen. Mit Frischhaltefolie abdecken und über Nacht in den Kühlschrank stellen.
Die Keulen aus dem Kühlschrank nehmen, von überschüssigem Salz befreien, auslösen und halbieren.
Die Hühnerbrühe zubereiten: Das Wasser aufkochen, die gekörnte Brühe darin unter Rühren auflösen.
Den Backofen auf 110 °C vorheizen.
Die Schalotten schälen, in Streifen schneiden und in einer Pfanne bei geringer Temperatur in etwas Olivenöl anschwitzen, bis sie ganz weich sind. Abwechselnd einen Löffel Schalotten-Confit und ein Stückchen Ente in das sterilisierte Glas schichten (zum Sterilisieren das Glas samt Metalldeckel und/oder Gummidichtung für 5–10 Minuten in den 110 °C heißen Ofen stellen; siehe Seite 18) und dabei den Sternanis, den Stangenpfeffer und den Essig einarbeiten. Mit Hühnerbrühe auffüllen, bis das Fleisch gut bedeckt ist, und das Glas fest verschließen. Das Glas in ein Wasserbad stellen und für 4 Stunden bei 110 °C im Ofen garen. Vollständig abkühlen lassen und anschließend im Kühlschrank lagern. Am nächsten Tag ist das Entenfleisch genussfertig. Es hält sich im Kühlschrank bis zu 3 Wochen.

Das Fleisch entweder im Glas (ohne Deckel) im Ofen oder in einem Topf wieder erhitzen und – wie es Henrik macht – mit Linsen servieren.

LEBER

Foie gras *mi-cuit* (halbgegart)

Für 1 Glas von 580 ml
500–600 g frische Enten- oder
 Gänsestopfleber am Stück
12 g Fleur de Sel
schwarzer Pfeffer aus der Mühle
2 EL Sherry oder Portwein

Die Stopfleber aus dem Kühlschrank nehmen und Raumtemperatur annehmen lassen, damit sie etwas weicher wird. Die Leberlappen behutsam ein Stückchen auseinanderziehen und mit einer Messerspitze die Äderchen und Nervenbahnen entfernen (oder Sie kaufen bereits gesäuberte Stopfleber). Die Stopfleber auf einen tiefen Teller legen, großzügig salzen und pfeffern, mit Sherry oder Portwein beträufeln und 15 Minuten marinieren.
Die Leber in das sterilisierte Glas füllen (zum Sterilisieren das Glas samt Metalldeckel und/oder Gummidichtung für 5–10 Minuten in den 110 °C heißen Ofen stellen; siehe Seite 18) und fest hineindrücken, sodass keine Lufteinschlüsse zurückbleiben. Die auf dem Teller verbliebene Marinade hinzugeben. Das Glas fest verschließen und über Nacht in den Kühlschrank stellen, wo sich die Leber zu einem kompakten Block verfestigt.
Am nächsten Tag den Backofen auf 60 °C vorheizen. Wasser zum Kochen bringen und eine ofenfeste Form oder Bratenpfanne zur Hälfte mit dem Wasser füllen. Das Glas in das Wasserbad stellen und die Foie gras 1 Stunde im 60 °C warmen Ofen garen. Anschließend vollständig abkühlen lassen und vor dem Verzehr 1 Nacht in den Kühlschrank stellen.
Die Stopfleber hält sich 3–4 Wochen.

LEBER

Leberpastete nach Großmutterart

Für 3 Gläser von je 290 ml
2 Zwiebeln
700 g Kalbs- oder Schweineleber
300 g fetter Speck
5 eingelegte Sardellen
3 Eier, grob verschlagen

100 ml Mehl
10 ml Kartoffelstärke
20 ml Sahne
Salz
Pfeffer aus der Mühle
½ TL Zucker

Den Backofen auf 170 °C vorheizen. Die Zwiebeln schälen und in Streifen schneiden. Wenn Sie einen Fleischwolf besitzen, diesen mit der feinsten Lochscheibe bestücken und Zwiebeln, Leber, Speck und Sardellen durchdrehen. Falls nicht, einfach sämtliche Zutaten im Mixer zerkleinern. Die Farce in eine Schüssel geben, die grob verschlagenen Eier hinzufügen und alles gleichmäßig vermengen.
In einer weiteren Schüssel Mehl, Kartoffelstärke und Sahne glatt rühren, die Masse sorgfältig unter die Farce mengen, bis sie homogen ist, und mit Salz und Pfeffer abschmecken. Henrik gibt nach dem Vorbild seiner Großmutter noch etwas Zucker dazu.
Die Leberpaste in sterilisierte Gläser füllen (zum Sterilisieren die Gläser samt Metalldeckel und/oder Gummidichtung für 5–10 Minuten in den 110 °C heißen Ofen stellen; siehe Seite 18), in ein Wasserbad stellen und unverschlossen im 170 °C heißen Ofen 1 Stunde und 15 Minuten garen. Nach dem Herausnehmen verschließen, vollständig abkühlen lassen und anschließend im Kühlschrank lagern. Vor dem Öffnen 24 Stunden durchziehen lassen. Die Pastete hält sich im Kühlschrank 3 Wochen. Da der frische Geschmack schnell nachlässt, sollte man sie nach dem Öffnen schnell verbrauchen.

Diese Leberpastete ist ein altes Familienrezept von Henriks Großmutter, zu der sie eingelegte Gurken servierte (siehe Seite 47). Eine Art »Madeleine« für Henrik, der die Gurken durch einige eingelegte Rote-Bete-Scheiben ersetzt (siehe Seite 61).

KANINCHEN

Kaninchen im Schweinenetz

Für 2 Gläser von je 580 ml
100 g Schweinenetz
Salz
100 ml Hühnerbrühe (100 ml Wasser
  + 1 TL gekörnte Hühnerbrühe)
1 Knoblauchzehe
1 Zwiebel
2 EL schwarze Oliven, entsteint
1 ganzes Kaninchen ohne Kopf,
  mit Innereien, ausgelöst
Pfeffer aus der Mühle
80 g fetter Speck
2 EL Liebstöckel oder
  Petersilie, gehackt
1 Ei
1 Schalotte
Olivenöl
50 ml Weißwein

▸ Das Schweinenetz 30 Minuten in leicht gesalzenem, kaltem Wasser einlegen. Den Backofen auf 160 °C vorheizen. Die Hühnerbrühe zubereiten: Das Wasser zum Kochen bringen, die gekörnte Brühe dazugeben und unter Rühren auflösen. Die Knoblauchzehe schälen und hacken. Die Zwiebel schälen und vierteln. Die Oliven hacken. Das ausgelöste Kaninchen aufklappen, aus der Mitte ein 20 × 15 cm großes Stück herausschneiden und mit Salz und Pfeffer würzen. Das restliche Fleisch mit dem Speck durch den Fleischwolf drehen oder im Mixer zerkleinern. Die Farce in eine Schüssel geben, Innereien, Liebstöckel, Knoblauch, Zwiebeln, Oliven und das Ei hinzufügen, mit Salz und Pfeffer würzen und alles gleichmäßig vermengen. Die Farce zu einer Wurst formen, in die Mitte des Kaninchens legen, fest darin einrollen und halbieren.
Das Schweinenetz abspülen und halbieren. Die Kaninchenrollen in die Netze einschlagen und in die sterilisierten Gläser geben (zum Sterilisieren die Gläser samt Metalldeckel und/oder Gummidichtung für 5–10 Minuten in den 110 °C heißen Ofen stellen; siehe Seite 18). Die Schalotte hacken und in etwas Olivenöl anschwitzen. Den Wein hinzufügen und um ein Drittel einkochen lassen, anschließend die Brühe hinzufügen. Sobald die Brühe heiß ist, die Mischung auf die Gläser verteilen, die Gläser möglichst voll füllen. Die Deckel auflegen, jedoch nicht fest zudrehen. In ein heißes Wasserbad stellen und im Ofen 1 Stunde und 15 Minuten bei 160 °C garen. Die Gläser herausnehmen, fest verschließen und abkühlen lassen. Im Kühlschrank lagern und vor dem Öffnen 2 Tage durchziehen lassen.

➡ Schmeckt kalt wie heiß, sei es kalt als Terrine mit einem Salat und gutem Brot, sei es im Ofen erwärmt und mit einem Gemüse serviert. Wenn es besonders edel zugehen soll, servieren Sie dazu eine Scheibe gebratene Foie gras.

LAMM

Lammhaxen-Confit

Für 3 Gläser von je 580 ml
8 Knoblauchzehen
3 Schalotten
3 Lammhaxen
Salz
Pfeffer aus der Mühle
Olivenöl
300 ml Weißwein
200 ml Fleisch- oder Hühnerbrühe
1 Dose (400 g) geschälte Tomaten
1 Bund Liebstöckel oder
   Petersilie
1 Chilischote
Schalenabrieb von 1 unbehandelten
   Zitrone
2 Lorbeerblätter
1 Zweig Zitronenthymian
2 EL Kapern

Den Backofen auf 110 °C vorheizen. Knoblauchzehen und Schalotten schälen, die Schalotten hacken. Einen Schmortopf erhitzen, die Lammhaxen salzen und pfeffern und in Olivenöl rundherum braun anbraten. Die unzerkleinerten Knoblauchzehen und die Schalotten zugeben, mit dem Wein ablöschen und leise köcheln lassen, bis der Wein um etwa ein Drittel reduziert ist. Die Brühe, die Tomaten, den Liebstöckel, die Chilischote sowie Zitronenschale, Lorbeerblätter und Zitronenthymian hinzufügen und zum Kochen bringen. Den Deckel auflegen und im 110 °C heißen Ofen 4–5 Stunden schmoren, bis das Fleisch ganz zart ist. Den Ofen anlassen, das Fleisch von den Knochen lösen und in die sterilisierten Gläser füllen (zum Sterilisieren die Gläser samt Metalldeckel und/oder Gummidichtung für 5–10 Minuten in den 110 °C heißen Ofen stellen; siehe Seite 18). Den Thymianzweig und die Lorbeerblätter aus dem Schmorsaft entfernen und die Sauce mit dem Stabmixer pürieren. Die Kapern untermengen und abschmecken. Die noch heiße Sauce über das Fleisch in die Gläser gießen, sorgfältig verschließen und für weitere 10 Minuten in den Ofen stellen.
Die Gläser aus dem Ofen nehmen, vollständig abkühlen lassen und im Kühlschrank lagern. Gekühlt hält sich das Lammfleisch bis zu 3 Wochen.

Diese eingelegten Lammhaxen serviert man als Hauptgericht, nachdem man sie direkt im Glas noch einmal 30 Minuten im 110 °C heißen Ofen erhitzt hat. Dazu reicht Henrik ein mit frisch gehacktem Liebstöckel bestreutes Kartoffelpüree.

BLUTWURST

Hausmacherblutwurst

Für 2 Gläser von je 580 ml
500 ml Schweineblut (beim Fleischer vorbestellen)
300 ml Milch
400 ml Roggenmehl (200 g)
1 EL Salz
2 EL Ahornsirup
½ Apfel
1 kleine Zwiebel
70 g fetter Speck
1 Gewürznelke
1 Prise gemahlener Piment
1 Prise gemahlener Ingwer
Butter zum Einfetten

Den Backofen auf 170 °C vorheizen.
Das Schweineblut durch ein feines Sieb in eine Schüssel passieren. Die Milch und das Mehl dazugeben und gut unterrühren, bis die Masse glatt ist. Das Salz und den Ahornsirup untermengen.
Den halben Apfel und die Zwiebel schälen, grob in Stücke schneiden und mit Speck, Gewürznelke, Piment und Ingwer durch den Wolf drehen oder im Mixer zerkleinern.
Die Mischung sorgfältig unter die Blutmasse rühren. Die sterilisierten Gläser mit Butter einfetten (zum Sterilisieren die Gläser samt Metalldeckel und/oder Gummidichtung für 5–10 Minuten in den 110 °C heißen Ofen stellen; siehe Seite 18) und die Masse einfüllen. Die Deckel auflegen, jedoch nicht zudrehen. Die Gläser in ein heißes Wasserbad stellen und 1 Stunde im 170 °C heißen Ofen garen. Nach dem Herausnehmen fest verschließen, vollständig abkühlen lassen und anschließend im Kühlschrank lagern. Am nächsten Tag ist die Blutwurst verzehrbereit. Sie hält sich im Kühlschrank bis zu 1 Woche.

➡ Henrik brät die Blutwurst löffelweise in der Pfanne mit Speck und Apfelscheiben – eine etwas rustikale, aber äußerst schmackhafte Variante.

ROTE BEEREN

Rote Beeren in Wodka

Für 1 Glas von 580 ml
etwa 500 g gemischte Beeren nach
  Wahl (Erdbeeren, Brombeeren,
  Blaubeeren, Himbeeren,
  Johannisbeeren)

100 ml Puderzucker
etwa 400 ml guter Wodka
  (oder Wodka du Domaines
  des Hautes Glaces)

Die Früchte vorsichtig waschen, entstielen und fast bis zum Rand in das sterilisierte Glas füllen (zum Sterilisieren das Glas samt Metalldeckel und/oder Gummidichtung für 5–10 Minuten in den 110 °C heißen Ofen stellen; siehe Seite 18). Den Puderzucker hinzufügen und das Glas bis zum Rand mit Wodka auffüllen. Das Glas fest verschließen und einige Male drehen, um den Inhalt gleichmäßig zu verteilen. Bei Raumtemperatur 2 Tage durchziehen lassen und anschließend im Kühlschrank lagern. Die Beeren in Wodka halten sich 2–3 Wochen. Eiskalt genießen.

Vorsicht, diese Wodkafrüchte haben es in sich und sollten in Maßen genossen werden! Henriks Empfehlung: das Glas in geselliger Runde als Abschluss eines Abendessens anbieten.
Oder – eine etwas stilvollere Variante – man serviert die alkoholisierten Beeren als Garnitur zu einem Zitronensorbet.

FENCHEL

Fenchel mit Orangen und rosa Pfeffer

Für 1 Glas von 290 ml
2 Knollen Fenchel
1 TL rosa Pfefferkörner
50 ml brauner Rohrzucker
1 Vanilleschote
Schalenabrieb von 1 unbehandelten
  Orange
200 ml Orangensaft, frisch
  gepresst

▶ Die Fenchelknollen gründlich waschen, halbieren und längs in etwa 3 mm dünne Scheiben schneiden – am besten auf einem Gemüsehobel, damit sie gleichmäßig dünn werden.
Die Fenchelscheiben mit den rosa Pfefferkörnern und dem Rohrzucker in einen Topf geben. Die Vanilleschote längs aufschneiden, das Mark herauskratzen und ebenfalls in den Topf geben. Die Schale der Orange reiben, den Saft auspressen und ebenfalls zum Fenchel geben. Den Fenchel bei geringer Temperatur garen, bis er weich und die Sauce karamellisiert ist. Falls nötig, ab und zu ein wenig Wasser hinzufügen.
Vom Herd nehmen und in ein sterilisiertes Glas füllen (zum Sterilisieren das Glas samt Metalldeckel und/oder Gummidichtung für 5–10 Minuten in den 110 °C heißen Ofen stellen; siehe Seite 18).
Vor dem Verschließen vollständig abkühlen lassen und anschließend im Kühlschrank lagern. Der Fenchel hält sich im Kühlschrank 3–4 Wochen.

▶ Käse oder Dessert? Beides! Der eingelegte Fenchel überzeugt als Dessert ebenso wie zu einer Käseplatte.

APRIKOSE

Aprikosenkonfitüre mit Rosmarin

Für 1 Glas von 150 ml
800 g Aprikosen
50 ml Wasser
50 ml Zucker
3 EL Akazienhonig
2–3 Zweige Rosmarin
50 ml Aprikosenlikör
  (nach Belieben)

Die Aprikosen waschen, halbieren und entsteinen. Die Fruchthälften in einen Topf mit dickem Boden legen. Wasser, Zucker, Honig, Rosmarin und den Aprikosenlikör, falls er verwendet wird, hinzugeben und bei geringer Temperatur ganz behutsam garen, bis die Flüssigkeit fast vollständig verkocht ist. Sobald der Fruchtbrei dick und cremig ist, vom Herd nehmen und abkühlen lassen.
Die Konfitüre in ein sterilisiertes Glas füllen (zum Sterilisieren das Glas samt Metalldeckel und/oder Gummidichtung für 5–10 Minuten in den 110 °C heißen Ofen stellen; siehe Seite 18), fest verschließen und im Kühlschrank lagern – oder gleich genießen. Da diese Konfitüre keine Konservierungsmittel enthält, hält sie sich im Kühlschrank nur 2 Wochen.

Henrik serviert diese Konfitüre auf typisch schwedische Art gern zum Käse. Die Rosmarinnote in Verbindung mit der Fruchtsüße harmoniert mit Ziegenkäse ebenso gut wie mit Hartkäse.

PASSIONSFRUCHT

Passionsfruchtcreme

Für 3 Gläser von je 160 ml
6 Passionsfrüchte
80 ml Zitronensaft

4 Eier
120 ml Zucker
40 g Butter

▰ In einem Topf etwas Wasser für ein Wasserbad erhitzen.
Die Passionsfrüchte halbieren, das Fruchtmark mit einem großen Löffel herauslösen und in eine hitzebeständige Schüssel geben, die auf das Wasserbad passt. Zitronensaft, Eier, Zucker und Butter dazugeben, die Schüssel auf das Wasserbad setzen und unter regelmäßigem Rühren garen, bis die Masse dick und cremig ist – nicht zu stark erhitzen, sonst gerinnt das Ei. Die Creme in sterilisierte Gläser füllen (zum Sterilisieren die Gläser samt Metalldeckel und/oder Gummidichtung für 5–10 Minuten in den 110 °C heißen Ofen stellen; siehe Seite 18).
Die Gläser fest verschließen, abkühlen lassen und anschließend bis zu 2 Wochen im Kühlschrank lagern.

➡ Die leicht säuerliche Note der Creme passt ausgezeichnet zu einer Vielzahl von Desserts: Eiscreme, Schokoladenkuchen, Bratäpfel ... Henrik isst sie gern schlicht auf Brot oder zu einem Apfel.

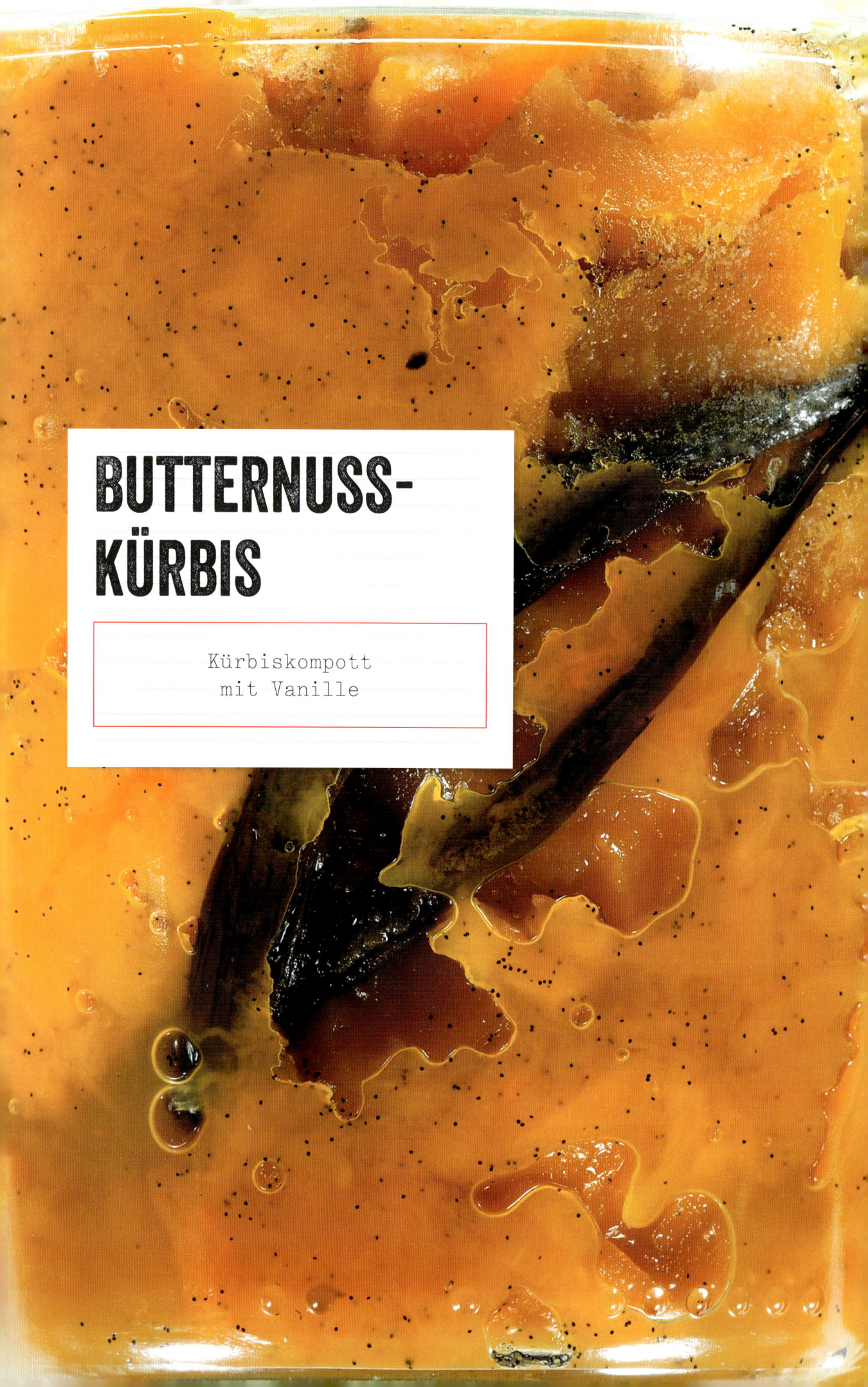

BUTTERNUSS-KÜRBIS

Kürbiskompott mit Vanille

Für 1 Glas von 580 ml
1 Butternusskürbis
1 Orange (150 ml Orangensaft)
100 ml Wasser
70 ml brauner Rohrzucker
½ Vanilleschote

Den Kürbis mit einem Sparschäler schälen, halbieren und die Kerne herauslösen. Das Fruchtfleisch in etwa 2 cm große Würfel schneiden.
Die Orange auspressen und 150 ml Saft in einen Topf gießen. Die Kürbiswürfel, das Wasser, den Zucker und die längs aufgeschnittene Vanilleschote hinzufügen und bei ganz geringer Temperatur garen, bis die Flüssigkeit verkocht und der Kürbis sehr weich ist. Mit einer Gabel alles sorgfältig zerdrücken.
Das Kürbiskompott in ein sterilisiertes Glas füllen (zum Sterilisieren das Glas samt Metalldeckel und/oder Gummidichtung für 5–10 Minuten in den 110 °C heißen Ofen stellen; siehe Seite 18) und vor dem Verschließen vollständig abkühlen lassen. Das Kompott im Kühlschrank lagern und vor dem Verzehr 2 Tage durchziehen lassen. Es hält sich etwa 2 Wochen. Zeigt sich ein weißer, flaumiger Belag wie bei einem Camembert, ist das Kompott nicht mehr genießbar.

Wie jedes klassische Kompott lässt sich dieses Kürbiskompott pur oder in Kombination mit anderen Süßspeisen genießen. Henrik serviert es zu Vanilleeis und zu Orangenkuchen. Oder – noch edler – er streicht es auf dünne Scheiben von in Olivenöl geröstetem Brot und arrangiert diese rund um ein Mascarpone-Eis.

BIRNE

Birnen mit Basilikum und Lakritze

Für 1 Glas von 580 ml
3 festfleischige Birnen
5 Basilikumblätter
1 Lakritzstange
250 ml Wasser
50 ml brauner Rohrzucker
15 ml Zitronensaft

Den Backofen auf 170 °C vorheizen.
Die Birnen schälen, halbieren und vom Kerngehäuse befreien. Die Fruchthälften in ein sterilisiertes Glas füllen (zum Sterilisieren das Glas samt Metalldeckel und/oder Gummidichtung für 5–10 Minuten in den 110 °C heißen Ofen stellen; siehe Seite 18). Die Basilikumblätter und die längs halbierte Lakritzstange hinzufügen.
Wasser, Zucker und Zitronensaft in einem Topf zum Kochen bringen. Den kochend heißen Sirup über die Birnen in das Glas gießen, sodass sie vollständig bedeckt sind. Das Glas verschließen und für 15 Minuten in den 170 °C heißen Ofen stellen. Herausnehmen, vollständig abkühlen lassen und anschließend im Kühlschrank lagern, wo sich die Birnen etwa 2 Monate halten.

Der delikate Geschmack dieser Birnen kommt am besten zur Geltung, wenn man sie pur oder zu einem einfachen Dessert wie Vanilleeis oder zu einem einfachen Kuchen genießt.

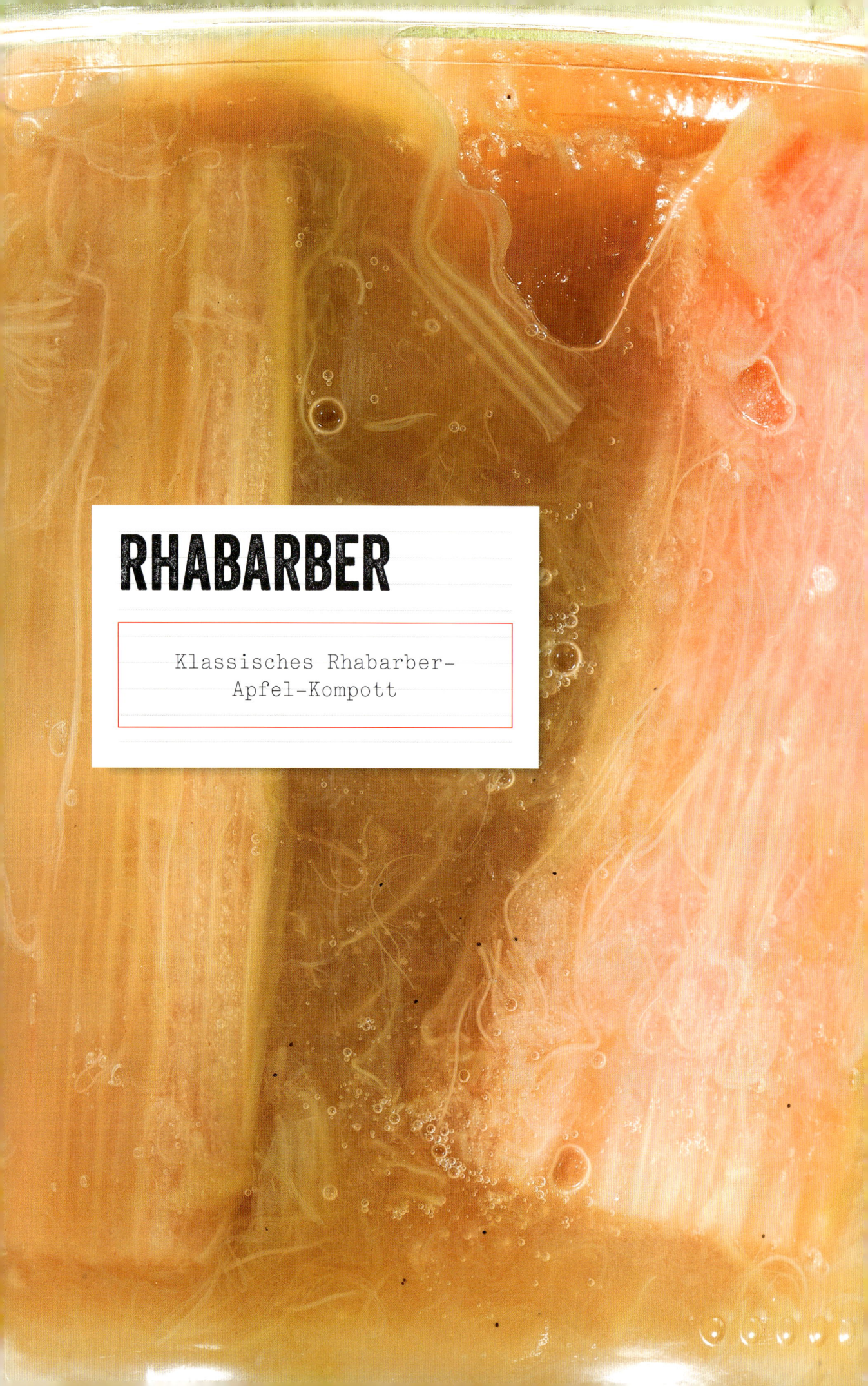

RHABARBER

Klassisches Rhabarber-Apfel-Kompott

Für 2 Gläser von je 580 ml
4 Kochäpfel
500 g Rhabarber

100 ml brauner Rohrzucker
20 ml Zitronensaft
4 Kapseln grüner Kardamom

Die Äpfel schälen, entkernen und in Würfel schneiden. Den Rhabarber waschen, abfädeln oder mit einem Sparschäler dünn schälen und in Stücke schneiden.
In einem Topf die Äpfel mit Rohrzucker, Zitronensaft, Kardamom und 1 EL Wasser vermengen. Bei geringer Temperatur unter gelegentlichem Rühren garen, bis die Äpfel zu einem Kompott zerkocht sind. Kurz bevor sie so weit sind, den Rhabarber dazugeben und 4–5 Minuten mitdünsten. Sobald er seinen Saft abgegeben hat, vom Herd nehmen und das Kompott in die sterilisierten Gläser füllen (zum Sterilisieren die Gläser samt Metalldeckel und/oder Gummidichtung für 5–10 Minuten in den 110 °C heißen Ofen stellen; siehe Seite 18). Verschließen und abkühlen lassen; anschließend im Kühlschrank aufbewahren oder sofort genießen. Das Kompott hält sich gekühlt bis zu 2 Wochen.

Pur als Dessert genießen oder zu Eiscreme oder Quark servieren.

SCHOKOLADE

Schokoladencreme mit leicht gesalzener Butter

Für 1 Glas von 580 ml
100 g Bitterschokolade von guter
  Qualität (70 % Kakaoanteil;
  zum Beispiel »Guanaja de
  Valrhona«)

100 ml Sahne
50 g leicht gesalzene Butter
50 g dunkles Kakaopulver
50 ml flüssige Glukose
  (Reformhaus)

In einem Topf etwas Wasser für ein Wasserbad erhitzen.
Die Schokolade in eine hitzebeständige Schüssel bröckeln, die auf das Wasserbad passt. Die Sahne, die grob gewürfelte Butter, den Kakao und die Glukose hinzufügen, die Schüssel auf das Wasserbad setzen und regelmäßig umrühren, bis Schokolade und Butter geschmolzen sind. Die Creme in ein sterilisiertes Glas füllen (zum Sterilisieren das Glas samt Metalldeckel und/oder Gummidichtung für 5–10 Minuten in den 110 °C heißen Ofen stellen; siehe Seite 18), fest verschließen und abkühlen lassen. Anschließend bis zu 2 Wochen im Kühlschrank lagern.

Diese kräftige Schokocreme ist für sich schon ein Genuss. Für eine etwas raffiniertere Präsentation formt Henrik die Creme zu Bällchen und serviert sie mit frischen Früchten wie Litschis, Himbeeren oder Passionsfrüchten und einem Passionsfruchtkaramell.

WEISSE SCHOKOLADE

Weiße Schokoladencreme mit leicht gesalzener Butter

Für 1 Glas von 580 ml
200 g weiße Schokolade von guter
  Qualität
100 ml Sahne
50 g leicht gesalzene Butter
50 ml flüssige Glukose
  (Reformhaus)

▶ In einem Topf etwas Wasser für ein Wasserbad erhitzen.
Die Schokolade in eine hitzebeständige Schüssel bröckeln, die auf das
Wasserbad passt. Die Sahne, die grob gewürfelte Butter und die Glukose
hinzufügen, die Schüssel auf das Wasserbad setzen und regelmäßig umrühren, bis Schokolade und Butter geschmolzen sind. Die Creme in ein
sterilisiertes Glas füllen (zum Sterilisieren das Glas samt Metalldeckel
und/oder Gummidichtung für 5–10 Minuten in den 110 °C heißen Ofen stellen;
siehe Seite 18), fest verschließen und abkühlen lassen. Anschließend bis
zu 2 Wochen im Kühlschrank lagern.

▶ Diese wie eine Ganache sehr gehaltvolle Creme sollte man unbedingt
in Maßen genießen! Direkt im Glas mit kleinen Löffeln darin oder mit
frischen Früchten servieren.

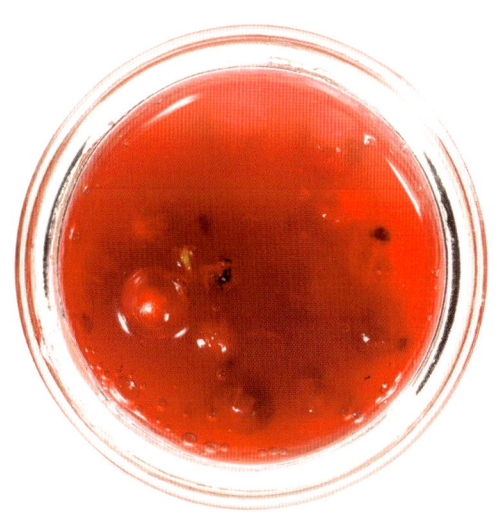

<u>Für 4–5 Gläser von je 160 ml</u>
1 kg rote Johannisbeeren
100 ml Wasser
900 ml Zucker (pro Liter Sirup)
1 TL Apfelpektin als Gelierhilfe
1 TL Zucker

Die Johannisbeeren entstielen und waschen; schadhafte Beeren wegwerfen. Die Johannisbeeren mit dem Wasser in einem Topf zum Kochen bringen. Die Früchte mit einem Kartoffelstampfer grob zerdrücken, anschließend durch ein feines Spitzsieb passieren und dabei den Saft auffangen (wer sein Gelee mit Früchten mag, gibt ein paar davon wieder in den Saft). Den Saft in einem Messbecher abmessen und zurück in den Topf gießen. Den Zucker abmessen (900 ml pro Liter Saft), zu dem Saft in den Topf geben und aufkochen. Vom Herd nehmen.
In einer Tasse das Pektin mit etwas Zucker vermengen – das verhindert die Klümpchenbildung – und unter den Johannisbeersaft rühren. Das Gelee in sterilisierte Gläser füllen (zum Sterilisieren die Gläser samt Metalldeckel und/oder Gummidichtung für 5–10 Minuten in den 110 °C heißen Ofen stellen; siehe Seite 18) und vor dem Verschließen abkühlen lassen. Im Kühlschrank lagern und mit dem Verzehr bis zum Folgetag warten, bis es vollkommen geliert ist. Gekühlt hält sich das Gelee 2–3 Wochen.

Für 1 l Sirup
1 kg Erdbeeren
1 kg Rhabarber
1,5 l Wasser
700 ml Zucker
Saft von 1 Zitrone

ERDBEER-RHABARBER-SIRUP

Die Erdbeeren waschen, entstielen und halbieren. Den Rhabarber waschen, abfädeln oder mit einem Sparschäler dünn abschälen und in kleine Würfel schneiden. Erdbeeren und Rhabarber mit dem Wasser in einem Topf zum Kochen bringen und 15 Minuten garen, ohne zu rühren – so bleibt der Sirup klar. Den Saft durch ein Sieb passieren, mit Zucker und Zitronensaft vermengen, zurück in den Topf geben und weitere 5 Minuten köcheln lassen. Abschäumen. Den Sirup abkühlen lassen und in ein steriles Glas oder eine sterile Flasche füllen (zum Sterilisieren das Glas oder die Flasche 5–10 Minuten in den 110 °C heißen Ofen stellen; siehe Seite 18). Sorgfältig verschließen und in den Kühlschrank stellen. Der Sirup hält sich gekühlt 1–2 Wochen. Er besticht durch seinen frischen, natürlichen Geschmack.

Für 1 l Sirup
500 g Himbeeren
500 g Blaubeeren
700 ml Wasser
500 ml Zucker (pro Liter Saft)

HIMBEER-BLAUBEER-SIRUP

Himbeeren und Blaubeeren vorsichtig waschen. Mit dem Wasser in einen Topf geben und 15 Minuten garen. Durch ein Sieb passieren und pro Liter Saft 500 ml Zucker abmessen. Den Saft zurück in den Topf gießen, den Zucker hinzufügen und weitere 5 Minuten köcheln lassen; abschäumen. Den Saft abkühlen lassen und anschließend in ein steriles Glas oder eine Flasche füllen (zum Sterilisieren das Glas oder die Flasche 5–10 Minuten in den 110 °C heißen Ofen stellen; siehe Seite 18). Sorgfältig verschließen und im Kühlschrank lagern. Der Sirup hält sich gekühlt 1–2 Wochen.

WÜRZSAUCEN

(Im Kühlschrank zu lagern)

WÜRZSAUCEN

BÄRLAUCH IN REISESSIG
Für 1 Glas von 160 ml

120 ml Reisessig
30 ml brauner Rohrzucker
1 Bund Bärlauch

▶ Den Reisessig und den Zucker in einer Schüssel verrühren. Den Bärlauch gründlich waschen, trocken schütteln und aufrecht in ein steriles Glas stellen, sodass er bis 2 cm unterhalb des Randes reicht (zum Sterilisieren das Glas samt Metalldeckel und/oder Gummidichtung für 5–10 Minuten in den 110 °C heißen Ofen stellen; siehe Seite 18). Mit der Essiglösung auffüllen, sodass der Bärlauch vollständig bedeckt ist. Das Glas sorgfältig verschließen und vor dem Anbruch 1 Woche im Kühlschrank durchziehen lassen.

▶ Henrik hat keine Ahnung, wie lange sich der eingelegte Bärlauch hält – einmal angebrochen ist das Glas immer ruck, zuck leer. Man kann ihn wie Schnittlauch über einen Tomatensalat, über Fisch oder über in der Pfanne gebratenes Fleisch streuen, jedoch grundsätzlich erst ganz zum Schluss, damit sein mildes, feinwürziges Aroma nicht verloren geht.

INGWERSAUCE À LA TO
Für 1 Glas von 160 ml

100 g frischer Ingwer
8 Knoblauchzehen
100 ml geschmacksneutrales Speiseöl (Raps- oder Sonnenblumenöl)
3 EL Sojasauce

▶ Den Ingwer mit einem Sparschäler schälen und in ganz kleine Würfel schneiden. Die Knoblauchzehen schälen und in Scheibchen schneiden. Ingwer und Knoblauch in einer Edelstahlschüssel vermengen. Das Öl in einem Topf bis zum Rauchpunkt erhitzen und über den Ingwer und Knoblauch in die Schüssel gießen. Gut umrühren und in ein steriles Glas füllen (zum Sterilisieren das Glas samt Metalldeckel und/oder Gummidichtung für 5–10 Minuten in den 110 °C heißen Ofen stellen; siehe Seite 18). Abkühlen lassen, die Sojasauce hinzufügen, sorgfältig verschließen und vor dem Gebrauch bis zum nächsten Tag in den Kühlschrank stellen. Die Sauce hält sich gekühlt bis zu 1 Monat.

▶ Das Rezept für diese Sauce stammt von To, Henriks Souschef. Geben Sie vor dem Servieren eine großzügige Dosis Ingwersauce und eine Handvoll Schnittlauch über Fisch oder Fleisch.

HAUSGEMACHTER ROTER KETCHUP
Für 1 Glas von 160 ml

1 Schalotte
1 Knoblauchzehe
100 ml Akazienhonig
70 ml japanischer Reisessig
10 ml Tomatenmark
8 Kirschtomaten, halbiert
1 TL frischer oder getrockneter Oregano
1 kleines Stück Chilischote (nach Belieben)

▶ Die Schalotte schälen und hacken, die Knoblauchzehe schälen und durchpressen. Beides in einem Topf mit Honig, Reisessig, Tomatenmark, Kirschtomaten, Oregano und Chili, falls verwendet, vermengen und bei geringer Temperatur 20–25 Minuten garen. Den Herd ausschalten und die Mischung im Topf mit einem Stabmixer sorgfältig pürieren. Den noch heißen Ketchup in ein steriles Glas füllen (zum Sterilisieren das Glas samt Metalldeckel und/oder Gummidichtung für 5–10 Minuten in den 110 °C heißen Ofen stellen; siehe Seite 18), fest verschließen und vollständig abkühlen lassen. Den Ketchup im Kühlschrank lagern; er hält sich 6–8 Wochen.
Nach dem Anbruch den Ketchup innerhalb von 1 Woche verbrauchen.

▶ Wozu man Ketchup serviert, braucht man wohl niemandem zu erklären, die Fans wissen es. Er macht sich übrigens auch hervorragend als Ersatz für ein Chutney zu kaltem Fleisch.

HAUSGEMACHTER GRÜNER KETCHUP
Für 1 Glas von 160 ml

1 Schalotte
1 Knoblauchzehe
200 ml grüne Tomaten
10 g frischer Ingwer
100 ml Akazienhonig
70 ml japanischer Reisessig
½ grüne Chilischote

▶ Die Schalotte schälen und hacken, die Knoblauchzehe schälen und durchpressen. Die Tomaten waschen und würfeln, den Ingwer schälen und reiben. Alle Zutaten mit dem Honig, dem Reisessig und der Chilischote in einem Topf vermengen und bei geringer Temperatur 20–25 Minuten garen. Den Herd ausschalten und die Mischung im Topf mit dem Stabmixer sorgfältig pürieren. Den Ketchup noch heiß in ein steriles Glas füllen (zum Sterilisieren das Glas samt Metalldeckel und/oder Gummidichtung für 5–10 Minuten in den 110 °C heißen Ofen stellen; siehe Seite 18), fest verschließen und abkühlen lassen. Den grünen Ketchup im Kühlschrank lagern; er hält sich 6–8 Wochen. Nach dem Anbruch innerhalb von 1 Woche verbrauchen.

▶ Dieser scharfe und leicht säuerliche Ketchup gibt Fischzubereitungen den nötigen Pep.

CHILI-KNOBLAUCH-WÜRZE
Rezept Seite 137

Zum Abrunden und Verfeinern

WÜRZSAUCEN

BARBECUE-SAUCE »BBQ«
Für 1 Glas von 580 ml

1 Schalotte
2 Knoblauchzehen
40 g Ingwer
1 Stängel Zitronengras
Olivenöl
100 ml Kikkoman-Sojasauce
2 EL Tomatenmark
100 ml Akazienhonig
einige Tropfen Worcestersauce
einige Tropfen Tabasco
3 EL Paprikapulver
1 EL Currypulver
Rauchsalz
1 EL gemahlener Kreuzkümmel
2 EL getrockneter Oregano
1 Dose (400 g) geschälte Tomaten
50 ml roter Essig

▶ Die Schalotte, die Knoblauchzehen und den Ingwer schälen und hacken. Vom Zitronengras die äußeren Schalen entfernen, den Innenteil fein hacken. Schalotten, Knoblauch, Ingwer und Zitronengras in 1 kräftigen Schuss Olivenöl 10 Minuten sanft anschwitzen. Die Mischung in eine Schüssel geben, die restlichen Zutaten hinzufügen und mit dem Stabmixer sorgfältig pürieren. Abschmecken und gegebenenfalls etwas nachwürzen. Die Sauce in ein steriles Glas füllen (zum Sterilisieren das Glas samt Metalldeckel und/oder Gummidichtung für 5–10 Minuten in den 110 °C heißen Ofen stellen; siehe Seite 18), fest verschließen und im Kühlschrank lagern. Die Barbecue-Sauce hält sich im Kühlschrank 1–2 Wochen.

➡ Henrik bereitet diese Sauce seit 20 Jahren nach Gefühl zu. Ändern Sie die Mengen und Proportionen ruhig nach eigenem Gusto ab, falls Sie es etwas süßer oder saurer mögen. So eine BBQ-Sauce ist eine sehr persönliche Angelegenheit!

SKANDINAVISCHE SENF-DILL-SAUCE ZU GRAVED LACHS
Für 1 Glas von 290 ml

1 Bund Dill
2 EL Zucker
1 EL weißer Essig (8 % Essigsäure)
1 EL Senf
200 ml Sonnenblumen- oder Rapsöl

▶ Den Dill waschen, trocken schütteln, die Fähnchen abzupfen und fein hacken. In einer Schüssel den Dill mit dem Zucker vermengen und wie für einen Pesto mit einem Stößel zermahlen. Den Essig und den Senf dazugeben und nach und nach unter ständigem Rühren mit einer Gabel oder einem Schneebesen das Öl einarbeiten – ähnlich wie bei einer Mayonnaise. Die Sauce in ein steriles Glas füllen (zum Sterilisieren das Glas samt Metalldeckel und/oder Gummidichtung für 5–10 Minuten in den 110 °C heißen Ofen stellen; siehe Seite 18), verschließen und im Kühlschrank lagern. Die Senf-Dill-Sauce ist sofort einsatzbereit und hält sich, gut gekühlt, 3–4 Monate.

➡ In Schweden ist sie unverzichtbar zu Graved Lachs, doch schmeckt sie auch zu anderen kalten und warmen Fischgerichten.

CHILI-KNOBLAUCH-WÜRZE
Für 1 Glas von 160 ml

4 Chilischoten
6 Knoblauchzehen
4 EL Fischsauce *(nuoc-mâm)*
2 EL brauner Rohrzucker
1 EL Wasser
1 EL Zitronensaft

Die Chilischoten waschen und in Ringe schneiden, die Knoblauchzehen schälen und in Scheibchen schneiden.
In einer Schüssel Fischsauce, Rohrzucker, Wasser und Zitronensaft sorgfältig verrühren, bis sich der Zucker vollständig aufgelöst hat.
Chiliringe und Knoblauchscheiben in ein steriles Glas geben (zum Sterilisieren das Glas samt Metalldeckel und/oder Gummidichtung für 5–10 Minuten in den 110 °C heißen Ofen stellen; siehe Seite 18) und mit der Sauce aus der Schüssel auffüllen. Das Glas verschließen und im Kühlschrank lagern. Die Chili-Knoblauch-Würze vor dem Gebrauch im Kühlschrank 1 Woche durchziehen lassen. Sie hält sich mindestens 1 Monat.

➡ Diese Sauce passt ausgezeichnet zu Fisch.

CURRYSAUCE À LA WILLIAM
Für 1 Glas von 580 ml

1 kleines Stück Ingwer
3 Knoblauchzehen
1 grüne Chilischote
2 Schalotten
Senf- oder Rapsöl
1 ½ EL gemahlener Kreuzkümmel
1 gehäufter EL Currypulver
1 Dose (400 g) geschälte Tomaten

Den Ingwer und die Knoblauchzehen schälen und mit der Chilischote im Mixer zu einer Paste verarbeiten. Die Schalotten schälen und hacken.
In einem Topf 1 Schuss Senf- oder Rapsöl erhitzen, die Schalotten und die Ingwer-Knoblauch-Paste dazugeben und unter Rühren anschwitzen. Den Kreuzkümmel, das Currypulver und die Tomaten hinzufügen und 20 Minuten bei geringer Temperatur garen. Die Mischung anschließend mit dem Stabmixer pürieren.
Die Currysauce in ein steriles Glas füllen (zum Sterilisieren das Glas samt Metalldeckel und/oder Gummidichtung für 5–10 Minuten in den 110 °C heißen Ofen stellen; siehe Seite 18) und vor dem Verschließen vollständig abkühlen lassen. Im Kühlschrank lagern. Die Currysauce schmeckt noch besser, wenn man sie 2 Tage im Kühlschrank durchziehen lässt. Gekühlt hält sie sich 2 Wochen.

➡ Das Rezept stammt von William, bengalischer Koch im *Fumoir*.

AUS DEM KELLER

Henriks Lieblingstropfen

Eingemachtes ist auf einer großen Tafel ebenso willkommen wie bei einer improvisierten Mahlzeit oder bei einem zwanglosen Picknick, sei es in der Stadt oder im Grünen. Man schart einfach ein paar gute Freunde um sich und dazu ein paar gute Flaschen Wein! Einige clever ausgesuchte, feine Tropfen mit gutem Preis-Leistungs-Verhältnis, angenehm zu trinken vom ersten Schluck als Aperitif bis zum Ende der Mahlzeit – und das kann sich hinziehen. Bei 5e Cru, seinem Lieferanten für Natur- und Bioweine, hat Henrik vier schmackhafte Tropfen ausgesucht, unkomplizierte Weine zum vernünftigen Preis, die bestens zu seinen Zubereitungen passen. 5e Cru, 4 Rue des Écoles, 75005 Paris, Tel.: (0033) (0)1 43 29 48 81, www.5ecru.com.

•VOYOU DE KATZ/ALSACE 2012

Dieser süffige, spritzige Weißwein ist der ideale Begleiter zu kalten Fleisch- und Wurstplatten sowie zu Pasteten und Terrinen aus Fisch und Meeresfrüchten. Sein Name »Voyou« (deutsch »Strolch«) spielt auf den Verschnitt mehrerer Trauben an, in einer Region, wo normalerweise reinsortige Weine dominieren. Dieser ist ein Verschnitt aus Riesling, Silvaner und Muscat, hat eine Zitrusnote mit floralen Anklängen und einen Hauch von Mineralität. Der ausgesprochen trockene Biowein harmoniert vorzüglich mit Henriks Fischzubereitungen.
www.klur.net/index.php

•DOMAINE LE GRAND VALLAT LE VIOGNIER/PAYS DE VAUCLUSE

Dieser AOC-Wein stammt von einem Gut in den Ausläufern des Mont Ventoux, auf dem biologischer Weinbau betrieben und von Hand gelesen wird. Der unaufdringliche, elegante, honigfarbene Wein schmeckt nach weißfleischigen Früchten und Zitrusfrüchten und wird jung getrunken. Er ist frisch und belebend, ein idealer Aperitif oder Begleiter zu Spargel, Foie gras und Meeresfrüchten.
www.legrandvallat.fr

•DOMAINE MARCEL JOUBERT FLEURIE VIREILLE VIGNES 2011

Die Domaine Marcel Joubert, seit vier Generationen ein Familienbetrieb, hat sich 1972 dem biologischen Weinbau verschrieben. Ihr würziger, kräftiger Fleurie trägt ganz die Handschrift des Terroir. Seidig, ausdrucksstark und mit einem Anklang von roten Beeren passt er hervorragend zu dunklem Fleisch – Rind und Ente –, sei es gebraten oder geschmort. Erste Wahl ist er zu Henriks Rindfleisch in Portwein und Ente in Sherryessig. Zu beziehen über folgende Website für Bioweine: www.vinht.fr

•LA RECTORIE COLLIOURE CÔTÉ MER, ROSÉ 2011

Die Terrassen dieses noch mit Pferden bearbeiteten Anbaugebiets überragen das Meer zwischen Coullioure und Banyuls. Ein Landwein, nichtsdestotrotz voller Eleganz und Tiefe. Ausgewogen und vollmundig, mit Aromen von dunklen Beeren, getrockneten Rosen und einer pfeffrigen Note, besitzt er genügend Struktur, um gegen typisch mediterrane und komplexere Gerichte zu bestehen. Genau die richtige Wahl zu Henriks eingelegtem Gemüse, seinen Artischocken und seiner Dorade mit Zitrusfrüchten und Basilikum. www.la-rectorie.com

REGISTER

A
Apfel 34, 101, 114, 115
Algen 66, 67
Aprikose 106, 107
Artischocke 40, 41
Aubergine 51, 65

B
Bärlauch 126, 130
Basilikum 65, 70, 71, 112, 113
Beeren, rote 34, 102, 103
Blaubeere 34, 103, 123
Blutwurst 97, 100, 101
Brocciu 56, 57
Butternusskürbis 110, 111

C
Chilischote 63, 79, 99, 131, 134, 137
Curry 135, 136, 137

D
Dill 32, 47, 85, 133, 136
Dorade 70

E
Ente 90, 91
Erdbeere 103, 122

F
Fenchel 69, 104, 105

G
Gurke 46

H
Himbeere 103, 117, 123

I
Ingwer 49, 63, 101, 127, 130, 131, 136, 137

J
Johannisbeere 103, 120, 121

K
Kabeljau 12, 68, 69
Kaninchen 96, 97
Karotte 54, 73, 75, 81, 87
Ketchup 128, 129, 131
Klementine 71
Kohl 48, 49

L
Lachs 14, 32, 47, 82, 83, 84, 85, 89, 136
Lachskaviar 82, 83, 89
Lakritze 112, 113
Lamm 22, 98, 99
Langer Pfeffer 89, 91
Lapsang-Rauchtee 74, 75

M
Makrele 74, 75
Messbecher 20, 24

N
nuoc-mâm 49, 137

O
Oktopus 66, 67
Oliven 68, 69, 77, 97
Orange 71, 104, 105

P
Paprika 68, 69
Passionsfrucht 108, 109, 117
Pilze 44, 45
Piment 101
Portwein 32, 88, 89, 93
Preiselbeere 12, 73

R
Reisessig 47, 53, 66, 67, 75, 126, 127, 130, 131
Rhabarber 114, 115, 122
Rindfleisch 14, 32, 47, 51, 88, 89
Rosmarin 57, 65, 79, 105, 106, 107
Rote Bete 30, 60, 95

S
Sardelle 49, 57, 95
Sardine 72, 73, 76, 77, 78, 79, 80, 81, 83
Schokolade 109, 116, 117, 118, 119
Schweinefleisch 49, 53, 95, 101
Sherryessig 44, 55, 90, 91
Sojasauce 49, 75, 88, 89, 130, 136
Spargel 42
Stangenpfeffer 89, 91

T
Thunfisch 86, 87
Tintenfisch 64, 65
Tomate, grün 62, 63, 131
Tomate, rot 64, 65, 99, 131, 136, 137

V
Vanille 105, 110, 111

W
Wasserbad (Technik) 22, 28, 43, 69, 91, 93, 95, 97, 101, 109, 117, 119
Wodka 89, 102, 103

Z
Zitrone 28, 41, 45, 58, 59, 69, 79, 99, 103, 109, 113, 115, 122, 137
Zitronengras 62, 63, 136
Zitrusfrüchte 34, 43, 70
    Klementine 71
    Orange 71, 105
Zucchiniblüte 56, 57
Zwiebel 24, 49, 52, 53, 67, 80, 81, 90, 95
Zwiebel, rot 24, 52, 53, 67

REZEPTVERZEICHNIS

GEMÜSE

ARTISCHOCKE
Eingelegte Artischocken 40

GRÜNE TOMATE
Eingelegte grüne Tomaten mit Zitronengras 62

GURKE
Süßsauer eingelegte Gurken 46

KAROTTE
Eingelegte junge Karotten 54

KOHL
Kimchi – marinierter Kohl aus Korea 48

PILZE
In Sherryessig eingelegte Pilze 44

ROTE BETE
Süßsaure Rote Beten 60

SOMMERGEMÜSE
Eingelegtes gegrilltes Gemüse 50

SPARGEL
Eingelegter Spargel 42

ROTE ZWIEBEL
Rote Zwiebel-Pickles 52

ZITRONE
Gesalzene Zitronen 58

ZUCCHINI
Mit korsischem Brocciu gefüllte Zucchiniblüten 56

FISCH

DORADE
Dorade mit Zitrusfrüchten und Basilikum 70

KABELJAU
Kabeljau-Confit mit Paprika und Oliven 68

LACHS
Graved Lachs 84

LACHSKAVIAR
Sardinen mit Lachskaviar 82

MAKRELE
Makrelen in Lapsang-Rauchtee 74

OKTOPUS
Oktopus mit Algen in Reisessig 66

SARDINE
Sardinen mit Kräutern 78
Sardinen mit Preiselbeeren 72
Sardinen mit Zwiebeln 80
Sardinen-Rillettes 76

TINTENFISCH
Mit Tomaten gefüllter Tintenfisch 64

THUNFISCH
Eingelegter Thunfisch 86

FLEISCH

BLUTWURST
Hausmacherblutwurst 100

ENTE
Entenkeulen mit Zwiebeln in Sherryessig 90

KANINCHEN
Kaninchen im Schweinenetz 96

LAMM
Lammhaxen-Confit 98

LEBER
Foie gras mi-cuit 92
Leberpastete nach Großmutterart 94

RIND
Rindfleisch in Soja und Portwein 88

DESSERTS

APRIKOSE
Aprikosenkonfitüre mit Rosmarin 106

BUTTERNUSSKÜRBIS
Kürbiskompott mit Vanille 110

SCHOKOLADE
Schokoladencreme mit leicht gesalzener Butter 116
Weiße Schokoladencreme mit leicht gesalzener Butter 118

FENCHEL
Fenchel mit Orangen und rosa Pfeffer 104

PASSIONSFRUCHT
Passionsfruchtcreme 108

ROTE BEEREN
Rote Beeren in Wodka 102

JOHANNISBEEREN
Rotes Johannisbeerengelee 120

BIRNE
Birnen mit Basilikum und Lakritze 112

RHABARBER
Klassisches Rhabarber-Apfel-Kompott 114

SIRUP
Erdbeer-Rhabarber-Sirup 122
Himbeer-Blaubeer-Sirup 123

WÜRZSAUCEN

BÄRLAUCH
Bärlauch in Reisessig 126

BBQ
Barbecue-Sauce 132

CHILISCHOTE
Chili-Knoblauch-Würze 134

CURRY
Currysauce à la William 134

GRAVED LACHS
Skandinavische Senf-Dill-Sauce 133

INGWER
Ingwersauce à la To 127

KETCHUP
Grüner Ketchup 128
Roter Ketchup 129